鐵

鐵

做鐵工的人

暢銷新裝版

即使人生艱難如鐵，也能彎出柔美線條

曾文昌—著

最猛職人 30

做鐵工的人（暢銷新裝版）：即使人生艱難如鐵，也能彎出柔美線條

作　　者　曾文昌
封面設計　林淑慧
攝　　影　鶴一郎、林禹瞻、曾文昌
主　　編　劉信宏
總 編 輯　林許文二

出　　版　柿子文化事業有限公司
地　　址　11677 臺北市羅斯福路五段 158 號 2 樓
業務專線　（02）89314903#15
讀者專線　（02）89314903#9
傳　　真　（02）29319207
郵撥帳號　19822651 柿子文化事業有限公司
投稿信箱　editor@persimmonbooks.com.tw
服務信箱　service@persimmonbooks.com.tw

業務行政　鄭淑娟・陳顯中

初版一刷　2018 年 03 月
二版一刷　2024 年 10 月
定　　價　新臺幣 460 元
I S B N　978-626-7408-85-8

粉絲團搜尋　60 秒看新世界

～柿子在秋天火紅 文化在書中成熟～

國家圖書館出版品預行編目（CIP）資料

做鐵工的人（暢銷新裝版）：即使人生艱難如鐵，也能彎出柔美線條 / 曾文昌著 .-- 二版 .-- 臺北市：柿子文化事業有限公司，2024.10
面；　公分 . --（最猛職人；30）
ISBN 978-626-7408-85-8（平裝）

1.CST：生活指導　2.CST：鋼鐵工

177.2　　113014290

柿子官網
60 秒看新世界

推薦——真心的肺腑之言

在工程這個行業裡面，有些看起來最為簡單的東西或是成品，其實施工上最為困難，也最不簡單，有許多乍看單純直接的設計或是製造，往往蘊含著大量的實際施工技術以及多年專業，也因此近年來所謂的「匠人」、「職人」從日本流行到台灣，人人開始注意到這種工作的困難以及專業。

只是這些專業過去鮮少有人提起或是注意，許多屬於獨特技藝的堅持以及足以讓人感動的用心未曾被我們重視，令人感到可惜。而今我們有了這本書，這是專業鐵工師傅集合多年技術經驗而做，文字內容直接平實，引人入勝，我們可以透過昌仔師傅的文字理解到鐵工技術的專業內容，以及一個鐵工師傅的養成、堅持及努力。

我推薦這本書給每一個願意理解專業師傅的人閱讀。

——林立青，暢銷書《做工的人》作者

我們常以「行行出狀元」來勉勵一個人只要努力工作，就有機會出頭天，在昌仔身上有了最真實的見證。在行雲流水的篇章中，充滿了昌仔的努力和堅持，流汗也流血，莫名的龜毛促成件件令人讚賞的作品，逆境成長的經驗，累積和環境對抗及不服輸的自我挑戰能量。

昌仔在鐵的外表下，有一顆如繡花針般的細心，使本書有如詩般的藝術元素，字裡行間也處處展現解決問題的能力和不著痕跡的人生激勵。從黑鐵到裝置藝術，除了令人感動之外，還有更多的感佩和尊重。

從事教育三十餘年，深知本書是一本看似平凡卻又不平凡的奮鬥史，筆觸柔軟、平實易懂，是一本老少咸宜、男女不拘，值得一讀的好書，也必定能增添書架和案頭的分量。在此，誠心推薦給大家，一起追求讓人改變和成功的密碼。

——新北市立新莊國中校長　何文慶

這也是一本生命實踐之書，在這個年代，像作者這樣腳踏實地，一步一步摸著石頭過河，失足過、挫折過，卻能在此過程中找到真實的道路，往精進之路行去的精神已越來越少見了，說到底，這也是這個年代所需要的篤實之書。

——輔仁大學中文系副教授　陳恬儀

人生是由一連串「選擇」走出生命的軌跡，昌仔在不成熟的「選擇」中挫敗、反省、調整、再前進，就像不斷踩線犯規的選手，終於踏進線內，穩定朝目標前進，且因為對於真誠待人的自我期許與要求，給他人幸福的對待，也給自己生命完整的空間。

成功最重要的因素來自個人面對生活的態度是否正向積極，昌仔擁有這個高度的基因，但周邊的貴人絕對是昌仔磨難中繼續前進的媒介，阿生也好、阿誠也好、合作的老闆、設計師都是昌仔的貴人，他都能心存感激不斷學習。

懂得感恩的人，一定勇於負責，而這會是現代年輕人面對未來生活最重要的態度。

——南投縣營北國中校長　黃美玲

本書是作者鐵工師傅昌仔三十年來的工作經歷與生活點滴紀錄。從一無所有的困頓學徒，到鐵件工藝極致的發揮；從生活不順遂的沉淪委靡，到值得託付信賴的鐵工行老闆與鐵件裝置藝術達人，在我看來，昌仔師傅做到的，就是心理學家馬斯洛（Maslow）理論中人類最高層次需求「自我實現」的達成。

這是一本很生活化、很好閱讀的人生故事書，對於正在職場中奮鬥的人，或是正在為學業努力的學生來說，本書可以勵志，因為書中有很多值得學習與細細品味的人生觀；對於已過事業奮鬥階段的讀者來說，則是閱讀的享受，因為會有很多的心有戚戚焉。

——台中育英國中前校長　陳　絹

台灣公寓大廈常見的鐵門鐵窗，在幾乎令人忽略甚至遺忘之際，鐵工昌仔，亦即本書作者，通過樸實文筆，逐一記錄、解說施工細節其「眉角」所在，集結成了這本書，令人讀來重新認識你我周遭的鐵工「文化」。之所以稱為「文化」，只因為鐵工昌仔的施作，既有關注細節、百折不撓的「職工精神」，也有挑戰極限、由技入藝的「工藝美學」，更有勵志助人的人性光輝，堪稱台灣製造的職工典範。

推薦此書，點醒鋼鐵意志的人生歷練，召喚台灣製造的技藝美學。

——元智大學藝術與設計學系副教授　龔詩文

冰冷的鋼鐵，
高溫的焊接，
強烈的對比衝突中，
形塑出
強悍鐵錚漢子的硬氣；
卻有著
堅持浪漫的詩人柔情。
這是會讓人無法自拔地淪陷其中的美好故事！

——屏東潮州高中老師　蔡季延

他，昌仔，這本書記錄了他與鐵的火熱相遇。在書中他謙虛的說自己是位鐵工師傅，但看過書中故事的人卻會說，他是一位真正的鐵的藝術家了。他打造出超乎想像的鐵工極限，創作出一座又一座炫目又令人感動的鐵工作品。

這些熱情與感動來自何方?我想，那來自昌仔師傅最可貴的特質：熱情、堅持、努力、善良與用心。

這是一本值得推薦的好書，在書中我們不只學到各種實用的鐵工知識，也驚艷於昌仔師傅化腐朽為神奇的歷程，更由他的生命故事，我們看到了一份善良，一股堅持，還有一道追求夢想的光熱，最後都磨礪成令人感動的美好。

原來創造美好不只是技術，更重要的是熱情、努力、善良以及堅持。

——台北市南湖高中老師　陳姵君

以第一人稱自述整個生涯奮鬥歷程，讓我們看到鐵工職人曾文昌先生能夠有今日的精湛技術，是在生活的水深火熱中細細的磨打考驗與堅忍纏鬥求好的堅持，展現了素樸的生命力與匠人精神。

作者說：「原來鐵是可以調味的，只要加點用心，只要加點創意，只要加點堅持，那麼所創造出來的鐵是可以感動人的，包括我自己。我想把鐵件交到他人手上時，它是閃亮動人的。」就是這樣的態度，讓我們看到他的職人精神，真誠的面對自己，永遠與作品拚鬥下去，當自己感動了，作品就動人了。

——前花蓮諮商心理師工會理事長　蔣素娥

那是一座前所未有、僅僅靠十八釐米不鏽鋼板連結的一座樓梯。沒有龍骨，沒有側立板，沒有強悍的鋼索，沒有扶手，一座簡單俐落的不鏽鋼鋼板樓梯。唯一能倚靠的，就是混凝土樓板。當我把圖紙傳給了昌哥，電話裡他說：「這樣的一個機會，我不把握怎麼可以？」

瘋狂的設計師、瘋狂的客戶接上了火線，整個夢幻般的作品，昌哥就像燈泡那樣點亮了這一切。這個作品，聳立在新竹寶山，那座樓梯是一輩子都可以拿出來現寶的作品，昌哥完成時臉上有著疲倦，但更有著驕傲且滿足的笑容，我很高興能認識昌哥，一起參與了堪稱瘋狂的故事。

一輩子你有機會瘋狂幾次?不用太多，只要一次，就沒有遺憾。

——前新瓦建設管理部經理　林逸晨（三瘋樓梯）

我們是位於桃園大溪老街裡一家複合式店面，或許我們對品質的要求可能不是一般的鐵工師傅能夠達到，因此決定透過網路來找跟我們一樣堅持在自己專業領域的達人，來為我們設計店的大門、龍骨梯及柵欄。

或許是龜毛的個性使然，才會讓我找到這位鐵工達人曾先生，在經過事前的溝通及設計討論後，其最後的成果反而比我預期來得更好，就算他因為其他業主的案子而事先告知會有延遲交件的狀況，我仍然放心把我們的需求交給他，現在很多旅客來大溪老街或店裡，肯定都會被我們店的大門給震撼到，下一步就是跟大門拍照。

鐵的意志，這是曾先生對他執著的事物的「座右銘」，或許我們也更要效法這種精神，也讓自己無畏的往人生的旅途前進。

——大溪　劉先生（鐵製造型門）

絕對的衝突，這種相互矛盾與衝突的個性，卻在同一個人身上！他有著鐵工的精湛技術，又有著不同於常人的細膩心思。新詩帶感情暖暖的，鋼鐵冷冰冰硬梆梆的；粗獷的鐵工與善感的詩人，這就是他！

鋼鐵製品有太多的技術細節，對我們客戶來說，是很難懂的專業領域，但不管任何的問題與解法，我都很放心交給他，相信他的設計與工法。放心！是我對他的最重要的結語。

——新竹寶山　洪啟智（溜滑梯樓梯）

樓梯是空間的靈魂，踩著這十五階精萃的工藝，隨空間的起伏落升，感受高低變化，明暗強度的落差，像聆聽著十六度音的樂章。

二〇一七年初，決定在這舊式磚牆上砌上懸臂式樓梯，而命運按排我遇見了曾師父，他答應遠從台北來幫我做這個極有討戰性的樓梯。

曾文昌師傅說：「我喜歡做別人不能做的、不敢做的，因為成功了，你就超越了別人，更是突破了自己。」看著曾師父遇到難題卻反而好像尋獲至寶，眼睛露出了火光，嘴角露出一抹自信的喜悅，他讓我看見鐵工的堅毅，真正鋼鐵般的男子，鐵鍛鍊般的光芒。

非常感謝曾師父的專業與用心的服務，最重要的是，他面對難題毫無讓步妥協的堅持，與挑戰的熱誠。他賦予了樓梯所要的靈魂。有靈魂的作品就該有個生命，我們叫她：阿根納的喘息（二〇一七年五月十日由曾文昌師傅施作完成的作品，紀念我在和平島最愛的廢墟阿根納造船廠）。

——寧靜島 張正緯（懸臂式樓梯）

用心，細心，做出不同的作品。從工匠昇華為藝術家！

——卓小堂（復古窗）

我和昌仔合作已經兩次。記得第一次合作是在二〇一四年，那時我需要一個黑鐵樓梯，很多廠商不願意接案，昌仔很細心、負責的完成了。雖然他的行程很緊湊，要等，但我還是願意再與他合作。我是住天母的林先生，我說的是實在話。

——天母　林先生（樓梯）

相信我們，昌仔的鐵件作品，如同一件好的藝術品，能豐富我們的生活空間及提升我們的視覺享受，相當值得等待；還有他重質不重量的原則，也是業主應該對他的尊重，這些是我們對昌仔的評價，希望追求品質的你，也能與昌仔的鐵件作品邂逅一回，保證你也會深深著迷！

——士林　何秀芬小姐（黑扁鐵樓梯）

1現場評估時，昌哥觀察的能力實在令我驚訝，不僅能配合我家的需求整理雨棚，更點出其他廠商完全沒提出的問題，並提出十分良好的對策。

2報價清楚，用料規格詳細。我想這對所有人來說都是非常重要的一點，然而，在這次我們找的廠商中有人報價硬是比其他人便宜了三分之一，但當我們問到用料時，對方就沒回應了……

3工期安排合理，會盡力配合業主需求。話說現在有些業主也很爆笑，沒人找的師傅會怕，找有口碑的又要師傅這裡快一點，那裡趕一下，令人哭笑不得。

4整修過程、成果如同他估價時所說的一般，絕不是說一套做一套的二貨，值得推薦！

——北投 廖淑娟小姐（重新振作的鐵皮屋）

要在溫暖的家中放個冰冰冷冷的鐵梯，心中實在相當猶豫不決。但偶然間在網路上看到昌仔的作品，一頁頁的畫面，翻啊翻著，我感動了，便馬上和昌仔連絡！

在火光閃閃的熱情下，細膩的焊接、研磨，終於，那連接家中的焦點完成了！

天啊！這真的是個充滿視覺的藝術品，氣勢磅礡的佇立著。踏上的那一步，內心悸動著，感動著……我懂了，這就是昌仔的靈魂創作，有著粗獷的外表，卻有著細膩的情感，冰冷的鐵幻化成溫暖的氛圍，整個家因為有了它而更為溫馨。

鐵梯，不再冰冷了！

——林口 Evita Chou（無敵幸運星大扁管樓梯）

身為室內設計師，有阿昌哥在鐵件部分作為後盾，是再幸福不過的事了。從角度不可思議的鐵製方管樓梯，到簡單卻在細節讓人驚喜的拉門，甚至是隱藏於無型的懸掛層板，都可感受到其專業及細膩的心態。謝謝阿昌哥！

——右手設計　林設計師

為了要裝修自己的房子，所以認識了昌仔老闆，因為沒有人脈，所以是從他的部落格找到了他。因為自己是從事造型設計，所以對於美的要求也高，而昌仔對於他的作品的認真和堅持讓我很放心！當然，他們專業的團隊不僅達成了任務，還超出我的期望！重點是CP值超高！他讓樓梯不只是樓梯，也是個藝術品！是我感恩並尊敬的大師。

——永和　韋雅玲小姐（扁鐵樓梯）

當初與曾先生的緣起，是在籌備新家裝潢上網找相關資訊時，被曾先生的部落格吸引。網站裡除了有詳細的作品照，還有細膩優美、文采動人的詩篇；真的非常幸運能請到曾先生來施作鐵梯，從接洽、圖面規格討論、到場施工，都是專業職人級的水準，而且十分親切好溝通。

鐵梯在我家除了串起上下樓的動線，也是家中最大的藝術品，每個梯階扶手都是美學。

——林口　王小姐（大扁管樓梯）

會認識昌仔是在部落格上被他寫給鐵件作品的情詩（笑）所吸引，我那時心想他是個詩人吧！感覺得到他對鐵件的滿滿熱情與堅持！於是我找上他，並請他幫我製作鐵屋！

成品有別於傳統鐵皮屋的樣式，壁板看不到任何的螺絲孔，連收邊都是雙色的，集水槽也藏得巧妙！施工完畢還幫我們家老舊變形的鋁門修好，變得很好開關，還幫我們在原本的舊鋁門上加裝了兩個門栓，因為他說這樣比較安全；還幫我們原本的舊雨遮補矽利康……這些都是他當初來估價時，幫我們注意到的細節。

你說我們幸不幸運，遇到曾老闆這樣有良心、又充滿理想與堅持的人。真的很謝謝你帶給我們無比的幸福！

他的座右銘：「只要人們有需要鐵的地方，鐵匠手中的火就會燃燒。火的力量，會讓鐵千變萬化，並且只要用心，就能讓賦予新生命的鐵展現光芒。這就是『鐵的意志』，由我們來傳承！」他就是「曾文昌」，令人景仰的鐵工達人！

——簡意玲（幸福鐵皮屋）

鍛造復古鐵窗！意義非凡，團隊的細心與創新，耐心與堅持，創造了如此的不平凡；而老闆的用心與堅持，創造了客戶無限的滿足。

——台中 CY CHANG（復古窗）

初識阿昌是被部落格他寫的文章所吸引，那時鐵件設計正夯，想找個可以長期配合的鐵工，「怎麼有人把打鐵當成藝術品來做，而且可以深深愛上自己的作品？」這是我對他的第一印象。

等合作後，更發現他是個自我要求很高的人，說難聽一點，就是龜毛！但我很喜歡找他做案子，因為只要事前溝通好，講清楚、說明白，基本上工程後續都不會有什麼問題。

我很欣賞他的工作態度，很多人都是怕麻煩，能簡單做完就簡單做完。但阿昌不是，他願意挑戰，願意創新，願意好要更好，這些都是我喜歡跟他共事的原因。只可惜現在找他的人越來越多，很難排到他的空檔，那天他告訴我要出書，這並不意外，因為他是真的非常熱愛打鐵這份工作，並且引以為榮，真心的祝福他的書大賣！

——欣益空間設計　趙永欣

媒體報導

鐵工職人曾文昌　打造記憶裡的鐵花窗
二〇一八年 MingWatch 明錶

傳承．鐵窗花職人—曾文昌
二〇二〇年「Home Run Taiwan」

「鐵花窗」的再次綻放
二〇二〇年 台灣真善美

大鐵工時代　鐵匠曾文昌
二〇二〇年〈經典〉雜誌

鐵花窗職人曾文昌　復刻老屋記憶風景
二〇二〇年 PeoPo 公民新聞

「永燊達金屬」復興鐵花窗，傳承老一輩的記憶，重現古厝美學
二〇二〇年「生命力新聞」

義無反顧做傻事，專訪做鐵工的人曾文昌
二〇二一年「心閱網」

鐵花窗上的魔術師　曾文昌用鐵焊一生
二〇二一年《小世界周報》

鐵花窗驚奇旅程
二〇二一年 壹Walker

曾文昌超越客戶期待　躍居鐵的魔術師
二〇二一年 Career 職場情報誌

曾文昌 鐵匠之刃破讖諷　繞指柔重生鐵花窗
二〇二一年 華人今日網

用心堅持的職人精神　—曾文昌
二〇二一年「大愛人文講堂」

鐵匠手中的火

二〇二一年 中華文化總會「匠人魂」31

「做工的人」李銘順上戲先來培訓　鐵花窗職人曾文昌的藝術夢

二〇二一年 ETtoday 新聞雲

Tag 人物／正港鐵漢柔情　匠人堅守百年失傳工藝

二〇二二年 NOWnews 今日新聞

鐵工之神—昌哥浪漫細膩的鐵之呼吸 feat. 曾文昌

二〇二二年 茶魚飯厚 - 百感人聲 EP172

堅持 極致 鋼鐵職人的浪漫—曾文昌

二〇二三年 人間衛視「METAVERSE 藝次元宇宙」

曾文昌／與鐵共生

二〇二三年 凱擘 KBRO TV 城市紀錄簿

The Artistry Behind Taiwanese Wrought Iron Window Grilles
台灣鐵藝窗花背後的藝術工藝靈魂

二〇二三年 TaiwanPlus（台灣英語國際媒體平台）

鐵花窗遇見文創、動漫　曾文昌盼延續手工傳統

二〇二四年 中央社

復興與創新的鐵之藝術家

二〇二四年 淡江新聞

用鐵件神復刻《鬼滅之刃》！鐵花窗匠人曾文昌焊出新意傳承

二〇二四年 遠傳心生活

再版序——用心與堅持

六年前出版了《做鐵工的人》，對我來說是人生中很重要的一個紀錄！

從那一年開始，我變得更戰戰兢兢，因為我發現自己居然成了大家目光的焦點，上了不少電視與媒體採訪，於是我開始調整自己木訥不擅言詞的毛病，挑戰一些跟鐵工無關的事情，比如上節目、演講、上課等等。

這就是所謂的走紅嗎？我跟自己說，千萬不要忘了初衷與目標！

我是一個對事物有極度要求的人，不希望客戶是因為我的名氣而來找我，而是真正喜歡我做的東西，所以我的部落格、臉書粉絲專頁，幾乎都不會分享我上節目與上新聞相關的資訊，也或許如此，我的粉絲專頁的追蹤人數沒因走紅而增加。

這樣的作法，可能有些人會覺得我錯過賺大錢的機會吧，但我自己還是覺得成功與快樂，必須來自自己的專業。

聽著自己喜歡的歌，做著自己喜歡的事，過著自己喜歡的生活，這樣的人生才夠自然與愜意，不是嗎？

也許我就是一個傻子，就這樣一意孤行做著自己想做的事情，本以為人生的巔峰大概就這樣了吧。但是，有時候無心插柳柳成蔭，之前為了挑戰復刻傳統工藝鐵花窗，自己不斷的研究與找回工藝，只為了滿足自己的慾望，卻沒想到自己又因為鐵花窗而聲名大噪。

這也再次的證明，只要用心，能量是會累積的；時間到了，自然就會被看見了！

後面的日子更因為鐵花窗變得更多采多姿，自己也更沉醉在鐵的世界，不斷地去鑽研裡頭的細節與工法，真是開心極了。

這一路走來，也讓我在後來的路上更懂得體驗人生，更敏銳的感受自己的生活與工作。我時時刻刻充滿了「堅持」的力量，讓我可以持續抱持著這樣的精神，去做我想做的任何一件事，並且深信可以達到自己想要的目標與結果。

於是，在五十歲的時候，突然有一個念頭一直在問著自己：昌仔！你不是二十五歲的時候創業嗎？現在已經過了二十五年了，你達到目標了嗎？你還可以做什麼？這樣你就滿足了嗎？

這個問題我想了很久，後來我有了答案，我告訴自己：我要為自己而活！我要去實現自己沒做到的事情！我要達到自己所設定的目標！

現在五十歲了，是另一個二十五歲的開始，無論是經驗、人脈、資源，都比當時二十五歲時的自己來得豐富，我有什麼好怕的！

於是我從自己的外在開始調整，心裡想要再做二十五年，做到七十五歲，但自己那麼胖的身材，體重快九十公斤，一點都不健康，怎麼可能堅持到最後？

所以我下定決心，一定要瘦下來！於是靠著運動與控制飲食，二年瘦身成功減了二十五公斤！

也因為瘦了下來，無論是在工作上，還是生活上，體力、精神與身手都不輸年輕小夥子。

我是那種不達目的絕不罷休的人，外在搞定後，接下來就是內在。

我自己深知，內在上無論是知識還是修養，都是遠遠不足的，於是我重返校園，繼續完成當年未完成的課業。

在學校裡，我又找回到當初與同學相處、共同學習的快樂！

也可能是因為學習態度的改變，上課的時候我是非常認真的，也因為這樣的學習態度，而拿到了很好的成績。

當然，重返校園絕對不是為了文憑，單單只是圓夢，單單只是想學習，單單只是想讓自己成為更好的人，為自己而活，而且要活得精采，僅此而已。

現在回想起來，這些歷程真的是很神奇，原來良善態度是可以培養的，原來心理因素是可以建設的，是能用行動去經營而改變的！

我用行動證明，也做到了，我相信你一定也可以，只要用心與堅持。

《做鐵工的人》這本書的精神，就是「用心與堅持」，再次推薦給你！

序文——鐵的意志

只要人們有需要鐵的地方
鐵匠手中的火就會燃燒
火的力量
會讓鐵千變萬化
並且只要用心
就能讓賦予新生命的鐵展現光芒
這是——我的鐵的意志

走在台北市鬧區，手裡拎著兩袋很重的工具，遲緩的走向停在遠方巷內的那台破舊老爺摩托車。

突然地，天空無情下起雨來，我抬頭望向天空，雨水狠狠的打在臉上，此時已經分不清是雨水還是淚水……

我在心裡暗暗的告訴老天與自己：

我要成功！絕不讓人看笑話！這只是短暫的，只要給我一個機會，我不會就這樣認輸的！

臉上因焊接所造成的脫皮，讓整張臉顯得十分怪異，加上佈滿血絲的眼球及黝黑的皮膚，總是能引起路人的注意。而這些，就是「鐵工」這行業的特徵，也是我們的職業傷害。

「鐵工」，是工種中最危險、最辛苦的行業之一。

因為我們必須站在高處——再高也不畏懼。

因為我們必須立在屋簷最前端——要有膽量。

因為我們必須要能忍受在烈日下工作——毅力要足。

因為我們必須要有搬上上百公斤的能耐——體力要夠。

但是，「鐵工」不是粗工，它也是需要高度的技術性，還需要一點藝術家的天分與美感，因為我們的作品大多都是「顯性的」，做得好不好，一下就見真章。

■

從事鐵工三十年，在此願將我的故事與大家分享。或許透過我的小小故事，能讓你對「鐵工」這行能有點認識。

「鐵」，在居家中是不可或缺的，知道一些製作過程與注意事項，對你來說也會有所幫助。你也可以因此了解這行的生態，進而去尊重從事這行的相關人員。

所以，如果你認同，還請給他們一點掌聲吧！

CONTENTS 目錄

第二塊鐵　鋼鐵人間

人永遠是主角，在這裡我們看見了鐵工界人與人互動的故事、情感與啟發……

第三塊鐵　鋼鐵裡的軟實力

工藝的光與熱，傳達的不只是技藝，還有態度！

第一塊鐵 艱硬人生

冷硬的輕狂歲月

借錢的那條路

我是含著鐵湯匙長大的，雖然不是什麼金湯匙、銀湯匙……這意思是說，我的家境還算不錯，衣食無虞，算是小富人家。

個性內向害羞、感情豐富愛哭的我，就是不愛讀學校的書，總喜歡沉迷在漫畫世界裡，常常天馬行空地幻想著，總覺得自己以後可以成為畫家、科學家、機械工程師，做些與別人不同的事，成就一些不平凡的事。

但是，老天總是喜歡考驗著人們。原本富裕的家庭，因為父親愛上賭博，散盡了家財；也因為父親的風流倜儻，在外頭另組了家庭……於是，幼小就成單親家庭的我，早已被逼得知道要識人眼色。

潦困家境，三餐都是問題；被房東趕，孟母三遷，更已成家常便飯。所以，也迫使我必須跟著媽媽四處去向人借錢。

■

向人借錢，是我這輩子最不願意做的事，只因為在那段期間裡，讓我嚐盡了人情冷暖……

某次，媽媽又帶著我來到阿姨的手工音樂娃娃工廠，準備向她的妹妹借錢。媽媽已經借到不敢再進工廠了，只好叫年幼的我來辦這件事。

我實在很不願意進去，心裡覺得非常惶恐，因為必須走過左右兩群正在加工的婆婆媽媽，因為耳朵裡會不停傳來嘰嘰喳喳的閒言閒語……

「這不是XX的小孩嗎？一定是組長的姐姐又要來借錢……」

「一直借不會不好意思嗎？……」

「怎麼又來了……上禮拜不是才來嗎？」

這對我來說，有如惡夢般一再重演，如今又來了！

天啊！也許她們不懂，小學三年級的我，也是有自尊的！也是聽得懂的！

就這樣，我低頭快步走過，想快速的逃離這個現場。但是，短短的一段路，對我來說卻是最難走、最漫長的，走了很久還是走不到終點。

此時，我的雙手不自覺的已經握緊，心中暗自的賭誓：**這輩子絕對不再向人借錢！**

好不容易見到了阿姨，但我已經淚流滿面、泣不成聲。這不是為了借錢容易而故意裝的，這是幼小的心靈自尊受到了無情打擊啊！

■

很慶幸的，我的阿姨讓我知道這世界還是有溫暖的。她看到心靈受到傷害的我，很快地一把將我抱進懷裡，在我耳邊輕輕小聲的說：「沒關係……不哭……阿姨知道……阿姨知道……」

然後偷偷地將錢塞進我手裡。

拿到錢的我，意識到，原來錢是那麼重要，而跟人拿錢是那麼的困難；看著那些婆婆媽媽，也了解到，唯有靠自己的雙手，才是最實在的。

沒多久，我與媽媽加入了家庭手工行列，也才真正體悟到，原來靠自己雙手賺錢來支付生活的費用，是那麼的快樂與充實！

第一名的三角鐵

而我的夢呢？

其實隨著家境的改變，早已消失不見。

一直以來，半工半讀的生活，已經養成了我務實的觀念。國三要畢業時，每個同學拿著各學校的報名表準備去報考，但觀察敏銳的老師發現我卻連一張報名表都沒拿。

我說：「是的，老師，我打算直接就業。」

老師驚訝的問：「怎麼會？」

沒錢繳學費的事我不好意思說出來，只能淡淡的說：「不知道要唸什麼……」（是啊，我真的也不知道自己能做什麼？）

此時，老師說了點醒我的一句話：「你工藝、美術都是班上前茅，為什麼不依自己的興趣去考復X美工？」

對齁，於是猶豫的我去拿了報名表。

但在拿報名表的同時，聽到了同學的對話：「聽說季展的材料費都很貴……」於是，我又打了退堂鼓。

回到家後，便將報名表丟在桌上。媽媽因此也注意到我要升學的事，她執意要我報名，不要擔心學費的事。就這樣，在媽媽的要求下，我去報名參加了考試，也如願的考上了。

可是……可是……學費真的是很大的負擔啊！然後，我做了一個愚蠢的決定：我放棄了美工科，改讀了電子科。

呵呵……現在想起來還真的滿好笑的，自以為是的主意。

■

讀了電子科，想說有學歷就好，其他就不在乎了。但是，天分是沒辦法埋沒的。一次校慶比賽，規定每個人都必須要參加一項科目的競賽，有美工、製圖、電子、鉗工……等。我挑了自己喜歡動手做的手工藝——鉗工。

這次的鉗工比賽，主要是將一塊一公分厚的鐵，用鋸板鋸成等角三角型。這聽起來很簡單，但對我來說，還滿有挑戰性的。

因為個性的關係，我對自我的要求很高，希望等距、等寬，角度、尺寸也都必須要一樣，所以我將一天比賽的時間都花在了這塊三角鐵上。

不斷的丈量，不斷的修改，要將誤差做到零為止。不準就重做一塊，就這樣，不知不覺就做了三塊。其中一塊自己覺得滿意，還將工藝課學的抛光技術給運用上，把鐵塊抛得亮晶晶的。

這時，在旁邊吃泡麵的同學看我多做了兩塊，便要求我送給他們。就這樣，我的三塊三角鐵就一起參加了這次的鉗工比賽。

說來好笑，從小沒拿過獎狀的我，隔天卻被老師告知，我拿到了鉗工比賽第一名，而二、三名正是跟我要的那兩位同學。

嗯……這個意思是說，一二三名都是我包辦了！（這真的有點誇張。）

星期一週會頒獎，我在眾師生面前領了生平第一個第一名，同時也是全校第一的獎狀。

這可能是老天爺在暗示我，我以後會吃這碗飯吧！

血氣方「鋼」

很快的，上學期就這樣過了。原以為我會就這樣混到畢業，卻在某一天，無意間聽到了媽媽與嬸婆的對話……

原來，我上學期的學費是媽媽偷偷跟嬸婆借的！而媽媽打算這學期再跟嬸婆借。

不會吧？我一直以為半工半讀與手工賺來的錢已經夠繳學費了。不會吧！

於是，曾暗誓不再借錢的我又擅自做了一個決定。

開學後的第三天，我主動去跟老師說想辦休學。

老師驚訝的問：「為什麼？」

但我不想說出理由，於是老師叫我直接去跟校長說。

面對校長，我選擇了不逃避，直接說了原因：「我不想用借來的錢讀書，我不要再跟別人借錢！」

校長看我態度堅決，只好妥協的說：「你只要帶家長來，我就讓你辦。」

我當然不肯讓媽媽知道，所以編了謊言，騙校長說媽媽工作非常忙，而她也同意我辦休學，是否能讓大我一歲的哥哥來辦理休學？

校長勉為其難的同意了，當下便跟同學借了他新買的摩托車，去找早已休學每天在撞球間混的哥哥。

哥哥聽了我的要求，也不拒絕，便騎著借來的摩托車載我往學校前進。不懂事的我們一路狂飆，果不出其然，閃躲不及的撞上了正在等紅燈的貨車，兩人當場飛了出去，而摩托車卡進了貨車底下。幸好人都沒事。

我拍了拍身體站起來，一看到借來的摩托車，心底不禁喊道：這下慘了！

借來的摩托車前面車殼全毀，只得當下決定，先想辦法去辦休學，再將休學退的錢拿去修摩托車。

思慮不周的我，事情的結果當然是兩邊都不討好。媽媽很生氣我擅自作主辦了休學；要好的同學因察覺到摩托車有事故過，又沒完全修好，氣我隱瞞沒說而斷絕了關係，我也內疚至今。

■

休學的我，很興奮的正式踏入社會工作，卻也因此迷失了自我。

我的第一份工作是在三溫暖裡當小弟，主要是幫客人遞茶水毛巾之類，工作很輕鬆也很有趣，但做沒多久就換工作了。

就在這段期間，交到了讓自己迷惑的朋友。跟著新交的朋友，我們不停的換工作，也加入了幫派與陣頭，到最後連找工作也懶了，每天成群結黨，飆車夜遊，無所事事，惹事生非，常常帶著傷勢回家。

媽媽知道我變了，我也知道我變了。

或許我是在逃避我們的問題，所以，我選擇繼續沉淪，因為在當下是快樂的。

就這樣持續了許久，直到某次為了幫朋友出頭，惹來對方的埋伏毆打。滿頭血回到家拿傢伙準備再回去廝殺的我，恰巧遇到剛買菜回來的媽媽。

她嚇到了，但她拉不住正在氣頭上的我，就在我衝下樓時，她哭著跪下了，求我不要那麼衝動。這時，我才驚覺我到底在做什麼？我不應該惹她生氣的！不該讓她擔心的！

我停下了腳步，我知道錯了。

但事情並沒有因為我未赴約而結束，對方聽到我放話要回頭找他們，早已集結，甚至整群人拿著開山刀去敲我外婆家的大門，吵鬧的說要找我，叫我出來面對。

受到驚嚇的外婆，只好趕快打電話給我的媽媽，電話中罵著媽媽不會教小孩，並要求媽媽將事情盡快處理好。

媽媽的決定就是面對，她希望我能息事寧人，去跟對方道歉，無論我是對的還是錯的。拗不過媽媽苦苦的哀求，我妥協了：「好……我願意道歉。」

當晚，媽媽帶著頭上包著繃帶的我以及禮品，前往對方家裡向對方道歉。

一進對方家門，那真是好大的一個排場。我心想，既然敢一個人來，也沒在怕。

於是，聽著對方長輩說著我的不是（我也不清楚我到底做了什麼？應該是我那群兄弟做的吧），然後要求我拿著香菸，一根一根請對方所有人抽。

這種道歉，坦白說，還挺羞辱人的。因為菸要請對方抽時，對方的嘻笑與羞辱，還真的讓人挺難受的。但是，我願意為了媽媽忍下來。

隔天，消息很快的就傳了出去，原本稱兄道弟的「兄弟」，居然嘲笑我跟對方認輸。呵……這是什麼世界！當初開打時，你們跑去哪裡了？

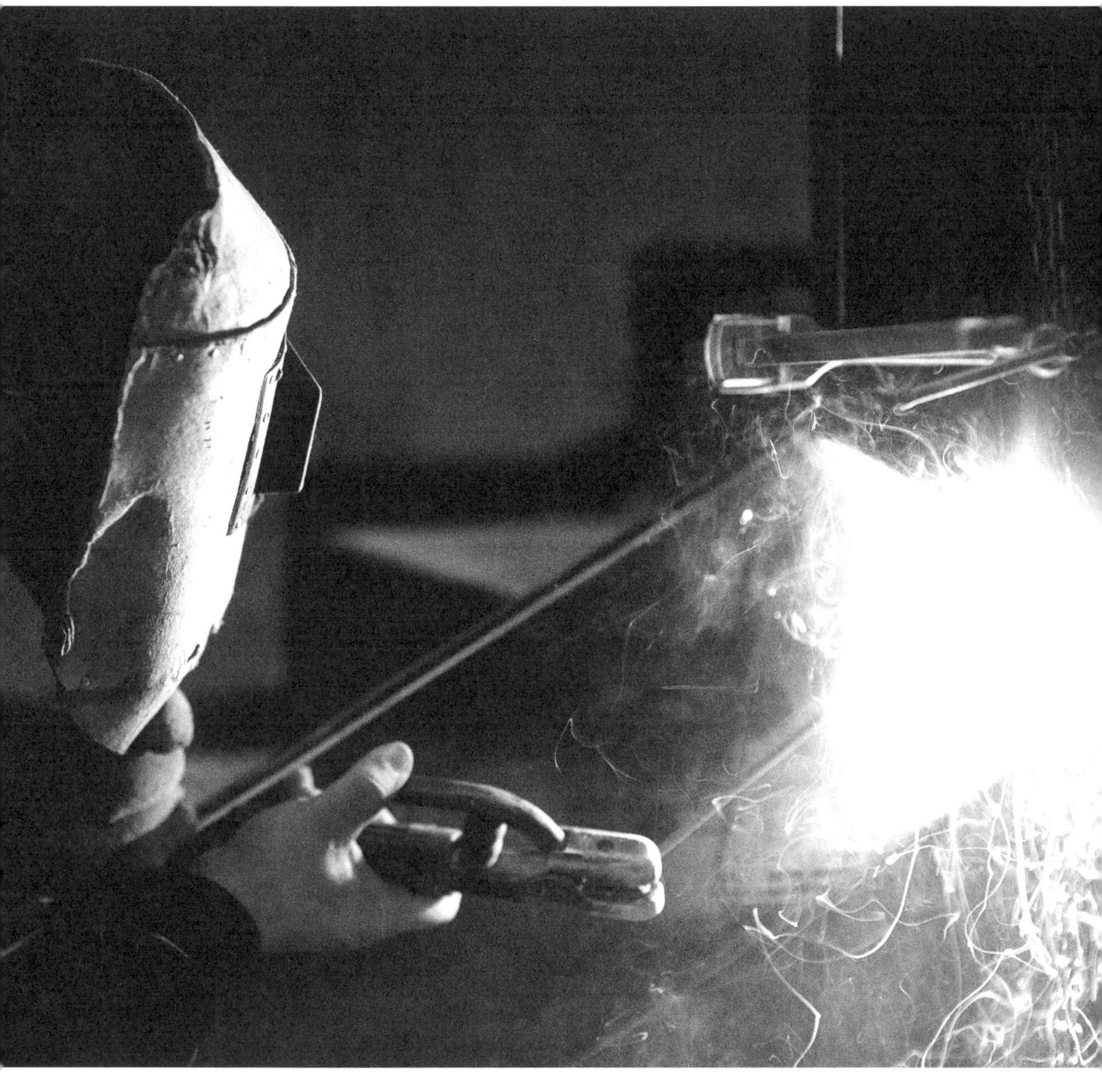

真的很好笑！我醒悟了，我不玩了！我放下了在兄弟間那所謂的義氣。因為在那件事情發生後，我完全聽不到平時稱兄道弟的那群人有誰願意為你出頭，而這也正好讓我看清了這一切。

轉捩點

頭上纏著繃帶，傷勢未好的參加了一年一度的家族掃墓活動。

一向對我疼愛有加的大伯父看到了我頭上的傷勢，加上聽到許多關於我的傳聞，他關心的問道：「你怎麼會變成這個樣子？這真的是你嗎？你知道你在幹什麼嗎？晚上來找我談談吧。」

當晚，吹著夏天清爽的微風，桌上放著大伯父為我準備的可樂。

我正襟危坐的聆聽他的教誨，大伯父唸完一堆話後，說：「給你兩條路，一是去新店學修理怪手，一是去學鐵工。」

「蛤？」我心裡知道，我非選一個不可。「去新店學修怪手，好遠。學鐵工？那是什麼？工作地點在哪裡？」

大伯父：「鐵工就是鐵工……地點在永和樂華夜市。」

樂華夜市?很近，又有夜市可以逛，嗯……選這個好了。

就這樣，展開了我與鐵的不解之緣。

■

週一，大伯父帶著我去與鐵工廠的老闆會面。

「你就乖乖在這裡做，聽到了沒？」

「喔……我知道了。」（但我心裡打算做個幾天就落跑。）

鐵工廠老闆阿生說：「年輕人好好的學，以後技術學到就不用擔心賺不到錢，別再跟那些有的沒有的混。」

去XX，連他都知道我的事!那做個幾天交代過去就好。我心想。

「你去刷油漆，會不會?那邊有斗笠，載著去那邊空地刷。」

於是我載著斗笠，拿了油漆桶，走向那片毫無遮蔽物的空地。

好熱……半天我就想落跑了，還三天咧!不行，得想辦法做兩天才行。所以，就這樣硬撐了兩天。

第三天，果然我也真的給他休息了。第四天要去前心裡想著，如果被罵被殺頭也沒關係，正合我心意，嘿嘿……

以為打的是如意算盤，但事情往往出乎預料之外。

老闆阿生：「累嗎？休息一天應該比較好了吧？斗笠載著再去刷吧。」

咦？他居然沒生氣？看來我得使出大絕招，週休四日如何？做兩天休四天……嘿嘿！

但是，結果竟然與我想的不同，他還是沒罵我。為什麼他可以容忍我這樣？想來就來，想休就休，為什麼？

老闆阿生：「因為我看得出來，你的本性不壞，只是迷失了自己……或許多給你一些時間，多一點包容，你會因此而改變。」

我聽了眼眶不禁紅了起來，心裡感到很慚愧，也很感動。也許我該給自己一個機會，給這個工作一個機會。試試看，會不會因此而有所不同！

就這樣，開始了我的鐵工之路。

■

也許真的是老天爺的安排，原本一年換二十四個老闆的我，居然就這樣安定了下來，連我自己都覺得驚訝。

老闆阿生請了很多人，我最年少，所以工廠所有打雜的事便落到了我身上，除了打雜買便當，大部分時間就是刷油漆跟搬鐵料及工具。

不停的刷。

不停的刷。

不停的刷……

好像這個城市的鐵窗都是我刷的。

到底什麼時候才會教我焊接？這是我那時心裡一直存在的疑問。

下班後，同儕們看到我手指指甲縫裡沾上紅白藍色的油漆，就開始嘲笑我：「你怎麼跟

鐵工冷知識

焊接：所謂焊接（電焊），就是將同種或兩種、多種以上材質，利用焊條上的火藥與經過電流，產生高溫來加熱溶解，讓數種材質能結合形成堅固永久性的連接。而焊接時會產生燃燒的毒氣及強烈的光線，在早期因為工安知識的不足，常常對工作人員造成慢性傷害，所以正確的作法是，在焊接時，必須注重空間空氣的流通與排放，及施作人員本身應戴的防護護具與措施。

女人一樣擦指甲油？」

雖然聽了很生氣，但我告訴自己，**這是我自己選的路，一定要堅持下去！**

對！堅持下去！就這樣，兩年過去了。

大多時候還是在刷油漆，很少有碰到焊接的部分。或許是因為師兄弟多吧，怎麼排也輪不到我，而樂天知命的我，自然也不會去跟老闆爭什麼。

某天中午吃完飯後，就在大夥兒睡午覺時，我無意的撿起地上的焊條，模擬著老闆教師兄的焊接方法與動作，不斷的重複，在地上比畫……

可能我比較笨吧，但沒關係。這時想起了媽媽曾說過的話：**「笨，就比別人多努力十次，十次不夠就百次……千次……」**

嗯！我先在地上練習摹擬，這一定行的。我在心裡不斷的這樣告訴自己。

此時頭抬起來，才發現老闆阿生就站在我身後。

或許，是這樣的動作觸發了他該教我焊接了。於是，焊接的人生正式開始。

之後，半夜常因眼睛痛而無法入睡是常有的事，而我可愛的同儕們又開始取笑我臉紅皮膚紅是因為愛喝酒愛跑海邊。這是因為，焊接如果沒戴護具，便會造成臉部紅腫，有如喝酒曬傷一般。如果過於嚴重，最後的結果就是脫皮。

而眼睛的傷害，若左手拿的護具遮蔽時機不對，眼睛去看到強光五到六次，那天晚上就不用睡了。那種痛，就好比你拿起一把砂塞進眼皮裡一樣，痛苦萬分，像似酷刑。

但我一點也不以為意，因為焊接引起的火花與光線讓我深深的著迷，如同小女孩快樂的玩著仙女棒一樣，讓我沉迷在那個幻想的世界裡……

這是多麼神奇的事啊！所以，就算被取笑，我真的一點也不在意。然而，就在熱頭上時，我的兵單卻來了。

【鐵師傅要告訴你的事】

早期鐵窗

早期的黑鐵窗及黑鐵門，必須先漆過兩次的紅丹防鏽漆，然後再漆上想要的顏色。因為油漆會老化剝落，所以長輩們常常在過年前，會叫我先用鐵刷將鐵窗上的鏽斑去除，再上過一次紅丹漆，上完後再上想要的顏色，來做保養，讓鐵窗能長久使用，但也因我的個性，家裡的鐵窗每年的顏色總是不一樣，繽紛多彩，真是漂亮。

對我而言，早期的鐵窗，充滿了職人在上頭的心思，一支扁鐵靠著手工，扭轉再扭轉，再彎個S花，組合後就成了獨一無二的鐵窗。

時代進步，不鏽鋼鐵窗隨之竄起，冷冰冰的外型，雖然長久，卻不耐看，而那個繽紛多彩的鐵窗就再也見不到了。

部隊裡的第一間鐵屋

在當兵前，一直保有聯繫的父親不斷跟我說，若有一技之長，當兵時會比較輕鬆。所以在當兵的前幾個月，我特地去學了開車，但是從沒開上路過……

心想：嘿嘿，我比大家多了一項專長，應該會比大家輕鬆了吧。

很快的，在新兵訓練中心的兩個月就要結束了。記得那天，班長在一次集合時，詢問起大家的專長。

YA！機會總算來了！

會木工的舉手……

會廚房的舉手……

會水電的舉手……

期待ㄋ，總算總算。

會開車的舉手……

我想，再也沒有哪次的舉手會比那次來得快了。

當我驕傲的舉出右手時，卻發現，我的四周，幾乎所有的人都舉起了手啊！引以為傲的優勢，瞬間沒了。

班長看那麼多人舉手，便問：「開車超過三年的舉手。」（三年……我還不到三十天啊！）完了！我連上路的經驗都沒咧……那只好乖乖的當我的大頭兵吧。

正在失望時，班長問道：「會電焊的舉手。」

咦？咦？我會耶！我迅速舉起了手。這次，我居然成了少數！哇哈哈哈，這下子應該會有涼缺吧！我得意了起來。

過幾日後，經過過濾後剩下的我們要進行下部隊的抽簽。嘿嘿……這一定是好康的。於是，當下心情愉悅的抽了一支「上上籤」！可是，抽完籤後卻發現了一件事。怎麼大家的籤號都一樣，好怪？

這個疑問一直到隔天才解開。抽到同號的我們，被催促著搭上往高雄的平快火車。是去高雄當兵嗎？不是！真相到了台中才漸漸清晰。原來，我真的抽到了上上籤——傳說中的金馬獎，金門！

船晃啊晃，總算越過了藍藍的大海，來到一個叫料羅灣的港口。被喝令蹲下的我們，有如小鴨，等待著被主人分配與挑選。

「會電焊鐵工的舉手。」

「有！」

鐵工冷知識

焊道：使用焊接機器，如電焊機、氬焊機或 CO2 等，將鋼材與焊材溶接在一起時，所形成的一道焊接痕跡，稱之為焊道。

母材：焊接時所使用的鋼材，稱之為母材。

電焊條：電焊條稱之為焊材，電焊條的組成是由焊芯及藥皮兩部分構成。在金屬焊芯外部用塗料（藥皮）均勻包覆。焊接時，焊芯有兩個作用：一是傳導焊接電流，產生電弧把電能轉換成熱能，二是焊芯本身熔化作為填充金屬與母材金屬熔合形成焊道。

「你會？」

「是的！」

就這樣，莫名的開始了軍中生涯。

原來，那時金門正缺一些會傳統技術的兵員，如木工、水電、泥作、鐵工……等，幸運的我們剛好補到了這個缺。不過，鐵工的技術卻是在此時讓我真正的面對了。

我下的是砲兵部隊，因為砲兵都躲在山洞裡，也住在山洞裡，但山洞非常潮溼，所以那時便有了一個「防潮工程」，而我的任務，就是在山洞裡蓋鐵屋。

哈哈，太看得起我了吧！別說鐵屋，我是連將鐵黏住都有問題的人啊！算了，當兵不懂也要裝懂，不是這樣嗎？於是，我去受訓當了班長，就帶領著一群跟我一樣號稱什麼都會的兵，開始蓋起了獨一無二的鐵屋。

「班長！這要怎麼蓋？」

「我想……」應該是這樣吧？我開始回想老闆阿生蓋鐵屋的流程。

「你去用這個……你去焊這個……」

「咦？怎麼搖得這麼厲害，是有沒有焊住啊……」

就在七手八腳一陣混亂中，我們蓋出了鐵工生涯的第一間鐵屋。

長得很怪，真的很怪，也真的很好笑，東倒西歪，我只能說，該有的功能都有了，其他的，就……不重要了。

此時的我領悟到了一件事，就是技術與領導統馭的重要性。原來，要蓋一間跟老闆阿生一模一樣的鐵屋，以及要帶這麼多師傅，是那麼的不簡單！

我開始重視起這兩個問題！

我開始了解老闆阿生的想法！

我開始認真的看待鐵工這門技術！

天啊！我之前是在幹嘛？浪費那麼多時間！

凸槌的初征

在金門兩年，就跟小說中武林高手閉關修練更高層功夫一樣，我覺得我不一樣了。

但是，等到總算要退伍回台灣，可以選擇自己想做的事時，我開始遲疑了。我能做什麼？我該做什麼？

繼續混嗎？我看著鏡子中的自己。不！我長得不夠狠，我確實也不夠狠，別說砍人，連砍棵樹我都得先想想。算了吧，別走回頭路了。

就在迷惘中，以前在老闆阿生旗下的師傅阿誠打了電話給我。

原來，他脫離阿生自己出來創業，也開了一家鐵工廠，希望剛退伍的我可以去幫他。

我……要再做鐵工嗎？

我不斷的問自己，如果要，那就要下定決心做到最好，不能再像以前一樣了，一定要全心全力的投入。

好吧，畢竟鐵工還是自己最熟悉的行業。於是，我答應了阿誠。

阿誠是一位身手矯健、頭腦相當靈光的老闆，跟隨他，應該可以學到不少技術與觀念吧。

但是時代是不斷在改變的，跟著阿誠一段時間後，我發現了一件事：鐵工界產生了一點微妙的變化，原本採用的焊接方式（電焊）有了新的選擇，那就是氬焊。

氬焊是一種針對不鏽鋼的焊接方式，焊接精準漂亮，不易噴渣，焊道焊點小，適合做較細路的工作。

鐵工冷知識

氬焊：氬焊又稱 TIG 焊接，是在氬氣等惰性氣體環境下，使鎢電極和母材間產生電弧，使母材以及添加焊材熔融、焊接的方法。就當時一些師父的觀點，氬焊跟電焊是有所不同的。氬焊焊點小，不會噴渣，無煙塵，好操作，可應用於各種需精緻精細的加工；電焊焊點大，會噴渣，施工周遭環境須保護，燃燒的火渣一旦噴到玻璃、磁磚或者金屬及其他材質，都會因溫度高而附著在上頭或破壞表面，在操作上是好操作，但也需有相當經驗才能拿捏得準，也因為電焊成本低，好操作，速度快，所以廣受施工者歡迎與愛用。

於是我問了阿誠：「為什麼不多買這工具？」

阿誠回答說：「黑鐵還是基本項目，不會因此改變。所以工作內容會盡量以黑鐵為主，不鏽鋼為輔。」

但我認為不鏽鋼與氬焊才是趨勢，以後一定會是主流。我的心一直糾結於此，但也只能說：「好吧，那我再試試。」

在阿誠這裡，絕大部分都在做黑鐵，偶爾才會碰到不鏽鋼。有一次，阿誠好不容意接了一組不鏽鋼鐵門，並交給我去發揮。正因為我想學，所以我將心思都放在了這上面。阿誠也覺得我平時的表現不錯，就安排我去安裝這組不鏽鋼門。

那一天，阿誠帶我上社區的頂樓，而這層都是違建加蓋，都長得很像，阿誠看了看後便告訴我哪一戶的黑鐵門要換新。「喔！我知道了。」我應和道。

次日，綿綿細雨的早晨，我帶著兩位師傅便開始了我的初征。

三人合力將鐵門及工具搬至頂樓後，師傅們問說是哪戶要換裝？

路癡的我瞧了瞧，說：「應該是這戶吧。」（但心裡卻嘀咕著，怎麼每戶都長得好像？）

懷疑歸懷疑，還是開始大肆破壞，然後很順利的將新門給裝上。

會這麼順利嗎？喔！不！

快結束時，我望了一下門牌……

疑？

咦？

耶？

八十六號？？？

昨天老闆說八十八號……

靠（北邊）！天啊！我居然裝錯家了！怎麼辦？望著被分屍的舊門，如同潑出去的水，回復已經是無望了。看著手錶，時間也慢慢接近阿誠指定的下一個地點安裝時間了。

怎麼辦？真糟糕！搥胸頓足用來形容當時的我，是再適合不過了。

唉……我該如何面對老闆與業主？在樓梯間，我搥打著牆壁（好痛），怪自己太過粗心了，我懊惱自己，我氣！我恨！我煩！久久不能自己。

但是，該面對的還是得面對啊，我打了一通電話給老闆……

阿誠：「你是白癡嗎？自己想辦法解決！」嘟……嘟……（被掛電話了。）

看來，他真的很生氣。

真的，我真的不知該如何處理，眼看時間一分一秒的過去。這樣下去不是辦法，自己闖的禍自己承擔。於是我請師傅們先回去，獨自一人坐在樓梯間等這戶主人家回來。面對，應該是唯一的方式。

六點四十分三十五秒。此時，傳來一男一女的對話聲。

女：「咦？老公這是我們家嗎？」

男：「鐵門怎麼換了……是你找人來換的嗎？」

就在他們還在遲疑時，我鼓起勇氣走到他們面前。「對不起！是我裝錯門了，我看錯門，因為都長得很像，我沒確定就……」

話還沒說完，我的眼眶就紅了起來，喉嚨也瞬間滿了起來，說不出任何一個字，只能猛點頭，說著卡卡聽不清楚的「對不起」三個字。坦白說，我還滿愛哭的。

此時，突然覺得好安靜。原來夫婦二人在望著我做的鐵門，然後，男主人拍拍我的肩膀說：「這門你做的嗎？」

「是的。」

「做得還不錯，把你老闆的電話給我吧。」

電話內容大致是：「老闆……你家師傅裝錯門你知道吧？門……做得不錯……我們收下了，但要算便宜……」

哇嗚！我聽了好感動，急忙跟善心夫婦二人道謝。

夫婦二人說：「年輕人下次別再這樣粗心了喔。」

從這次事件中，我學到了三件事：

1. 不可再那麼粗心了。

2. 誠實勇敢面對才是最好的方法。

3. 用心的作品會讓人感受到。

但是，經過這件事後，我也失去了阿誠的信賴。

【鐵師傅要告訴你的事】

理想鐵門的注意要點

一片好的鐵門，最重要的是要好開好關，以及它所提供的防盜功能。

要好開好關，重點在門的絞鍊，也就是門的軸心（如果感覺到門片開關時沉重，可在軸心上點針車油，這具有潤滑及防鏽的功能，小五金行都買得到）。還有，在安裝門組時是否垂直，如果裝得斜斜的，那就會變成自動門喔（不是自己會關門，就是自己往外開）。

一旦軸心鏽蝕、門板傾斜了，如何改善呢？就只能再找專業人員幫你囉！

而門組的防盜作用會受到許多因素的影響，如門片鐵板的厚度、門組的設計，以及最最最重要的鎖具。

一副精密難開多段的鎖具，可直接讓偷兒知難而退，所以鎖才是重點喔！

而製作鐵門的鐵板要多厚才是標準？門片通常設定會在1㎜以上，門框應須灌漿讓結構強化，灌漿過程中怕框變形，所以板材厚度設定必須再硬一些，因此會設定更厚的板材，如1.5㎜。

門組鐵板用得越厚，當然防盜效果就越好，而在預算允許下，門組鐵板的材質與厚度是可以選擇與設定的。

人盡其用

裝錯門的事一直內疚在心，但日子還是得過，只期待往後的日子能為阿誠彌補一些損失回來。

在阿誠這裡，我一直扮演著「師傅頭」的角色，每天就跟在軍中一樣，率領著我的小組衝鋒陷陣到處跑，每天都是搞到很晚。因為阿誠認為，師傅這樣才算有幫他賺到錢。

有一次，接獲指示先到八里安裝護欄，條件是早上十一點前解決。但是，看著手錶，十一點已經到了。

完了！最少還要一到兩個鐘頭的時間啊！

此時 B. B. CAIL 響了，阿誠在叩了。我滿頭熱汗，有如熱湯鍋蓋上的螞蟻，急著叫另兩位師傅動作快。就這樣，拚到了一點，總算完成了。

帶師傅去吃飯，順便回電給阿誠。果然不出所料，電話那頭傳來霹靂啪啦的罵聲。最後又下了道指示，火速前往三重，幫做招牌的安裝探照燈。

我的小組只好用吞的吞完我們的午餐，然後飛奔到三重。一到三重，招牌店的老闆唸了我幾句。無奈的我，也只能笑笑的跟他道不是。

雖然這裡的安裝工作有點危險，但還算順暢。正要結束時，叩機又響了！

你……真的不簡單！料事如神，剛裝好你也知道！

我還是得跑去回電。此時是下午四點鐘，再度接獲指示，速回工廠準備載門去土城安裝。沒辦法，老闆說了算。但車子旁邊兩位師傅已經開始在抱怨了，因為門裝好可能已經是晚上七、八點。每天都這樣搞，又沒算加班費，他們已經不想做了。

我聽了，只能安慰他們忍忍。果不出所料，門裝完已經晚上快九點。

沒多久，這兩位師傅果真就不幹了。

這樣的過程很累，但對我的經驗值來說，卻是快速的累積。所以，我還可以忍受阿誠這樣物盡其用的作法，直到某次……

那次阿誠又接到了營造廠的工作，要在新店碧潭附近的大樓做大型廣告看板。

這廣告看板是由約直徑三十公分的圓管構造而成，高度最少有四層樓高。這巨大物施工困難倒沒關係，就是工期給得非常短，所以阿誠決定親自帶隊參與。

在空地上，我們先積極地組裝主骨架部分，好讓吊車可以先將主骨架吊起來安裝。總算如預計的時間安裝好主骨架，卻在正要組裝其他連接桿時，天空下起了豪大雨。

你以為我們會就此停住嗎？不！阿誠似乎沒有退讓的意思。他從車箱拿出塑膠手術手套，而不是雨衣……他的意思是，要我們載上手套，在雨中焊接時比較不會被電到。然後又說了，就算被電到，手上抬的連接鐵桿怎麼樣也不能放手。（連接鐵桿直徑有十公分。）

天啊！這個當兵閉關時我沒練到耶，會不會太誇張了？

但也很奇怪，當下所有師傅五、六位，竟然沒人反對這樣的作法？好吧，那就上吧。我走上堆料區，抬起一支十尺連接桿，走著走著，居然「來電了」。喔，可不是看到漂亮小姐的那種來電啊！而是碰到接在電焊機後方的二百二十伏特的電線啦！

下雨潮濕導電，我黏在那邊，叫也叫不出來，腦筋一片空白，直到潛意識的掙開它。呼呼……心跳加速的我直覺這真的不好玩！

我告訴了大家，會漏電要小心，沒想到得到的結果居然是被取笑為笨蛋……

好吧，我是笨蛋可以了吧。

沒有安全措施的我爬上了主骨架。主骨架是直徑三十公分的圓管，間隔又頗大，加上大雨，要爬上去是有難度的。所以我只爬到二、三樓左右的高度，再高，我沒辦法了。

對！是的！會要求在雨天電焊的人，你覺得他會準備安全帶之類的防護護具嗎？沒有！現場所有人都是赤手空拳爬上去的。

好吧，大家都這樣做，應該是對的吧。

我與另一師傅負責焊連接桿，一人焊一頭。如果電焊起弧的點（引火）點錯了，點到我們抬的管子，那我們兩個就會被電到。

這時，真的如阿誠所說的，電到也不能放手。所以一被電，最少是兩個人，有時是三、四個。

或許你會很好奇，為什麼我們這些人這樣效忠，命都可以不要？我只能這樣跟你解釋，在當時，沒人會注重工安這檔事。所以在當下，當大雨中的火花引來了圍觀的路人時，我們反而覺得自己很帥、很酷、很厲害！

沒人敢做的事，我們辦到了，我們是鐵工裡最強的！

理由就是這樣簡單。

■

結束了營造廠巨大招牌的工作，我們又回到了戰戰兢兢的日子。

今天的任務是去樹林一個社區大樓的六樓裝不鏽鋼門，不用曬太陽，真好！

於是我帶領了我的小組前往安裝，一切非常順利，中午過後就完工，然後回到工廠做其他的加工。

四點時，阿誠接到今天我安裝鐵門那位業主的來電。不會吧……我又搞砸了？

阿誠掛了電話後，跟我說：「帶條繩子去你今天裝門的那戶人家，業主忘了帶鑰匙出門，門被鎖住了。你從七樓綁繩子下去六樓室內幫他開門。」

我驚訝的問：「不能叫鎖匠開嗎？」

阿誠說：「今天裝的鎖是很好的，鎖匠說打不開……沒辦法。」

「喔……」聽到這理由，似乎也說服了我。於是我帶了繩子、騎著摩托車，前往安裝地點。

到達時，業主連忙跟我道歉。我說：「沒關係啦！」

業主帶我去了七樓的陽台，我往下望了一下。還好，不是很高。

七樓的屋主不斷的問：「沒問題吧？安全比較重要。」

六樓的業主連忙解釋說：「放心，放心，他們專業的……」

哦……誰跟你專業，我也很緊張好不好！

我四處張望，找尋可以綁附支撐我體重的結構。喔，有了！可以綁在大樓設定的緩降逃生器上面。我開始幫自己五花大綁，七樓的屋主與六樓的業主不斷的要過來幫忙。

不不不，我只相信自己。然後，中國結、流氓結、萬聖結……都運用上了。我爬上女兒牆，望了望下面，腳底開始冒汗了。我才賺你多少錢，需要這樣拚命嗎？算了，現在已經騎虎難下。

正準備爬下去時，不……這樣不對！我穿的拖鞋沒脫。其實……我是在掙扎，所以腳底開始冒汗了。

我脫了鞋子，深吸了一口氣，慢慢的攀降下去。等人到了六、七樓的中間，心裡感到十分高興與安心，因為沒掉下去，代表我繩子綁得還可以。

總算順利的進到屋內，幫業主開了門。完成任務後，正在收繩子時，六樓的業主包了一個紅包給我，感謝我賣命的演出。

當下心想，我的不可思議人生旅程又多了一筆故事。

回到家後，我脫掉骯髒的衣服，將紅包放在桌上，準備洗澡。正在煮晚餐的媽媽看到了紅包，便在吃晚餐時問我怎會有紅包。我就將今天發生的事情告訴了她。

媽媽聽完，瞬間紅了眼眶，說：「為什麼要這麼做，命真的這樣不值錢嗎？鎖匠打不開，找別家啊，再不然破門而入，了不起你工作可以不要啊！再怎樣，也不該拿命來換……」

是的……媽媽說的沒錯，有很多方式可以選擇，而我卻選擇了最糟糕的方式。

■

在阿誠這裡的工作模式，真的要考慮了。上次營造場豪雨中焊接也是，這次攀降開鎖也是。於是，經過仔細思考後，我選擇了離開阿誠的工廠。

正在尋找想要的環境時，原本的阿生老闆打了電話來。原來他記錯了我退伍時間，並希望我能去他那邊工作。

能在熟識的人底下工作當然不錯，但如果有我想要學習的東西那就更好了。我問道：「你那邊有氬焊機嗎？就是焊不鏽鋼的……」

阿生笑著說：「當然有啊。」他早就買了，而且他會以不鏽鋼為主。

這下子我更肯定了我的選擇。就這樣，我回到了阿生那邊工作。但是，這次去卻發現他的聲勢不如以往，只請了一個老師傅。

阿生說，只要我好好待，要學什麼他都會教。於是，我在這裡接觸了全方位的工法，黑鐵、不鏽鋼幾乎都是每天碰的東西。

就這樣，燃起了我學習的心，每天都抱持著一股信念：

一定要學一點東西回去才行！

【鐵師傅要告訴你的事】

認識不鏽鋼與其他鐵材

很多人以為不　鋼就是不會生鏽與變質的鋼鐵，這是想法與認知上的錯誤！不鏽鋼只是比一般鋼鐵具有更好的抗氧化及抗腐蝕能力，一旦處於高溫及高腐蝕的環境，它還是會起變化，還是會鏽蝕，只是時間上的快跟慢而已。

不鏽鋼的成分大多還是會氧化的鐵，然後再加上一些約佔百分之二十的合金元素，如鉻、鎳或其他元素，以製造出各種符合我們日常生活所需要的不鏽鋼型號。

例如，醫療用的316#不鏽鋼（磁性相當弱，幾乎是無感），其成分是加含百分之十八以上的鉻與百分之十以上的鎳含量，然後再加比304多一種叫鉬的元素，所以它的耐蝕性、耐高溫強度都比304來得好很多，因此除了醫療用品，也常看到很多高級餐具也會使用。如果仔細看鋼材的背後，還會刻上「316#18-10」的字樣。

而我們最常用的不鏽鋼號碼為304#（微磁），常用於裝潢構造的鐵窗、鐵門、欄杆、扶手等，許多餐具也常看到。鋼材背後有的會標示「18-8」，代表這不鏽鋼含有百分之十八以上的鉻、百分之八以上的鎳含量。

其他還有因應需求所產生的許多型號，如2字頭（微磁）及4字頭（帶磁性）含鎳成分較低的不鏽鋼。

常有人問道：「要怎麼知道不鏽鋼是不是304#的？」通常我會建議先用磁鐵做吸附測試，

因為這方法是最快速辨別的方法，但要更準確的話，還是得採用檢測藥水來做鑑別，才不會有所失誤。

另外，常遇到很多客户，不懂什麼是不鏽鋼、白鐵、黑鐵、生鐵、純鐵、鍍鋅、鍍鋞。以下分別說明：

不鏽鋼與黑鐵：不鏽鋼如果在網路上查，是指鐵鍍鋅，但在日常生活中，我們所用、所說的白鐵，就是指不鏽鋼。而黑鐵呢？黑鐵即泛指一般的碳鋼。

生鐵：由鐵礦砂溶解還原出來的物質即為生鐵，含碳量在百分之二以上。

鑄鐵：台語叫「生仔」，是指將生鐵、廢鋼、鐵合金等，以不同比例配合通過熔煉而成。主要元素除鐵、碳以外，還有矽、錳和少量的磷與硫等元素，也就是將生鐵重新回爐熔化，並加進鐵合金、廢鋼、回爐鐵調整成分而得到的。

純鐵：含碳量少於百分之〇．〇二，稱為純鐵，也稱為熟鐵。

鍍鋅：是指在鐵或鋼表面上鋪上金屬「鋅」的防鏽方法，經「鍍鋅」處理的鐵稱為白鐵，看到這裡你可能又有點混亂了，怎麼又叫白鐵？我想這應該是學術上的說法吧。

鍍鋞：其實與鍍鋅是同樣的東西，只是鍍的加工方式、鍍的厚薄、耐用程度不同而已。像常用的C型鋼鍍的表面較薄、光滑、有漂亮花紋、焊接上好施工，使用期限有一定年限。而路邊常看到的燈桿，則是採用熱浸鍍鋅，鍍的表面較厚也較粗糙，焊接施工上需將焊接處鋅面先磨掉，使用期限上相當耐用。

天分與努力

日子過沒多久，老師傅不做了，工廠就剩我一人，而阿生也不打算再補人。這對我來說，是危機，但也是轉機，一切都需靠自己摸索。

阿生也很信任我，將工作全委託了我。於是，我有了更大的發揮空間，遇到不會的，能問人就問人，沒人問就翻書，不斷的自我摸索與學習。我從來就不知道，原來學習是如此快樂的事！

有一次，阿生交代我做一座銀行式的鐵窗，他大概解釋了這要怎麼做、那要怎麼做，這些對我來說，都不是很困難的事。

阿生交代完後，便如以往外出找朋友聊天去了。

我望著尺寸圖，心想，這今天中午就可以完成了吧。耶！那就來把它做成無接縫拋毛絲，然後做有界線如何？這聽起來就覺得很好玩，於是就按照心裡的計畫開始組裝、滿焊，

鐵工冷知識

點焊：就鐵工技巧來說，這是屬於一種固定、防焊穿的技法，如要焊接薄管，此時採用點焊依序堆疊，一樣可以達成牢固性的焊接。

滿焊：就是將管與管的接縫都給焊滿。此時焊接的技巧很重要，溫度控制不好，管面就會因此而變形。

研磨：就是將焊滿的焊道給磨除掉。它必須由粗的砂紙番號 40#（粗）一直磨到光滑至 400#（細）。這也是相當耗時、耗工的作法，一不小心，管面也有相當大的機會被磨凹陷，或因研磨所產生的高溫而導致變形。

拋砂：就是繼研磨之後，將表面磨至光亮，再使用菜瓜布或砂紙，將磨過的痕跡給恢復到材料的毛絲面原狀。

交界線：即橫向與直向管的接合面。運用特別的技巧，將拋砂的毛絲面，直的歸直的、橫的歸橫的，然後在兩種方向的接點做出一條界線。

無接縫拋毛絲：一般所看到的管狀對接，業者通常會選擇焊在側邊而不焊表面，原因就是前述的工序太多，風險太大，但如果真的要做到有質感，那麼無接縫拋毛絲的工法就沒辦法逃避，運用焊接將表面接縫焊滿，再磨平，再拋砂，讓它看起來是一體成形。如果辦得到，那不是一件很美的作品嗎？

然後研磨，再開始抛紗，做交界線。

這在當時很少有人會這樣做，就算有，要處理到讓管面不凹陷，看起來像一體成形的標準，更是少之又少，重點是很費工，根本沒有老闆會願意耗費那麼多工資在這上頭。

就這樣，我玩得不亦樂乎！全心全意在工作上頭，一點也沒意識到我後面什麼時候站了一個人——我的老闆阿生。

他看到時，很生氣的說：「那麼費工做什麼！」邊說邊前進看著我做的作品，摸了摸……然後說：「你喔……算了！不想講你。」說完轉身就走。

當下我才警覺到慘了，沒問過他就擅作主張。慘了，等一下該怎麼跟他道歉？

正想著怎麼道歉時，阿生走了進來，旁邊還多了兩個人。一看，是隔壁兩間鐵工廠的老闆。此時就聽著阿生說：「來來來……你們看（邊說邊招呼隔壁兩位鐵工廠老闆），這是我們這位少年做的，很厲害吧！」

啊？怎會……？

結果出乎我的意料，隔壁兩位鐵工廠老闆看了看、摸一摸，說：「不簡單，很用心，好功夫……老闆很會教……」

啊咧！

此時，就看著阿生驕傲得笑不攏嘴。原來，是阿生覺得我做得很漂亮，跑去跟隔壁炫耀，害我緊張了一下，真是的。

當時心裡也覺得，原來東西做得好，不只自己看了開心，別人也會跟著感動。

我……在這領域好像真的滿有天分的！（想到了高中時的三角鐵。）

幾天後，我跟著阿生載著這鐵窗去安裝。業主看到鐵窗的當下，直呼這工做得好細，不斷的誇阿生品質好。

一時間我不禁起了雞皮疙瘩！原來，被人誇讚的感覺，被人認同的感覺，是這樣的好……

我想我沉迷了。我以後應該會不斷的追求這樣的感覺吧！

【鐵師傅要告訴你的事】

焊接的祕密

常看到的鐵窗、鐵門或一些鐵件加工的方式，通常會盡量避開焊接管材的表面。因為若沒處理好讓表面凹陷或只在表面焊個幾點，這對業主來說都是沒辦法交代過去的。

在競爭壓力下，為了求速度，有的業者會在管材四個角各焊上幾點，但這樣做，一旦承載過重，是有可能從接點處斷裂的。因此為了結構必須連續焊滿一條而不是幾點，此時最快速的方法就是焊在兩側，而不是表面。

如鐵件拉門製作上，有的業者會選擇焊在側邊，避免焊表面，那是因為焊了表面，除了要有相當技巧防止管面變形外，重點是焊了之後再磨的工會多出許多，所以，鐵件除了材料的價差，施工上的方式也是影響價格的主因。

開創我的鐵工廠

在阿生這裡默默的做了三年，直到某一天……

阿生的廠房隔壁也是間鐵工廠，一直以來都與阿生保持著良性競爭。這間鐵工廠的老闆姓朱，也常來我們工廠指導我。

有一次，朱老闆問我關於鐵材估價與報價的事情，我說我不會，他哈哈大笑地說，他工廠的小學徒都會，我居然不會，看來是阿生故意隱瞞。

是啊，朱老闆講到重點了。估價與報價才是最重要的，我居然都沒學到！不行，要改變我家的現況，我必須賺更多的錢才行，也就是說，我一定要學到這門技巧！

於是月底領錢時，我向阿生提出了一個要求：「我在這邊已經做了三年，謝謝你的教導，但是環境迫使我必須再往前，所以希望你能教我估價與報價。如果你肯教我，我就在你這裡再做三年。如果你不肯，那我只好再做三個月，然後另尋他處……」

這番話聽起來像是要脅，但我是很認真的，因為我的環境不允許我的腳步停滯不前，我的妹妹正在讀書需要錢，我的哥哥對人生沒目標正在徬徨，我的家需要有人把他們的心凝聚起來，我需要錢。是的，我需要盡自己最大的力量，賺取最多的錢！

所以，說出這個要求也許無情，但我沒得選，我只是希望能透過這個手段，讓阿生教我這些他不想說的祕密。

但是，事情並不如我所想的順利。阿生聽完我的要求後，嘴裡是答應了，但心思卻是相反的。他不斷的敷衍我，直到約定的最後一個星期。

我說：「我做到月底喔。」

阿生：「喔。」

原來，阿生是不願意教我的，可能是因為我的要求太過分了。但我說過，我只能前進，我沒後退的路了。

就這樣，我辭職離開了，開始了周遊列國的旅程。

周遊列國

又是一個毫無目標的早上，看著報紙上的徵才處，我畫了幾個點。嗯，今天就去這幾家問問吧……

「老闆你好，我來應徵的。我做了約八年，黑白鐵都會。」

老闆說：「好……來試試看。」

我說：「我有一個要求，不知道行不行……」

老闆：「說來聽聽。」

我說：「能教我估價跟報價嗎？」

老闆：「神經……你走吧！」

就這樣，一開始都好好的，但只要提起這件事幾乎馬上碰壁，我也只好一家換過一家……

■

唉，又碰壁了！看來這項技術是沒人肯白白教給我的。

正傷腦筋時，我想起了阿誠當初在阿生那邊的模式……對齁！我可以自己接工作來做啊！小工作在自家屋頂，大工作就跟阿誠談談在他那邊做，讓他抽佣。這方式好像不錯耶！於是，我打電話問了阿誠，沒想到阿誠居然同意了。

好，那就來試試吧！

創業

記得是二十五歲時的一天……

我提了錢（銀行存款裡只有十五萬），買了一台氬焊機、一台電焊機、一台切台、兩台電鑽，正興沖沖、喘呼呼的將這些剛買的工具，慢慢的從一樓搬到租的五樓屋頂。

媽媽看我搬了那麼多新工具，便問：「你買這些工具要做什麼？」

「我要自己開啊！」

「自己開？開在哪？」

「嗯啊，我要自己開，然後開在屋頂上。屋頂不是有加蓋，我就利用這天台來做啊！」

一開始媽媽很反對，後來看我態度堅決，也只好支持我了。她笑著說：「自己失敗了，就要自己爬起來喔！」

是啊，我心想，失敗了，頂多打回原形當師傅去，年輕就是本錢。我的個性太過於內向，只有用這個方法，將自己逼向絕境，才能盡全力想辦法脫困而出。

是的，沒錯，就是得這樣做！

屬於我的鐵工之路，就從這頂樓屋頂開始！

客源

可能你會認為，我是那種萬事俱備才敢出來開的人，那你就錯了。一直以來，我就是行動派的，只要覺得可行，我就會一頭熱的鑽下去。在屋頂開鐵工廠也是這樣，工具買了再說。

客源？呵呵……根本不知道在哪！

我找了樓下名片行，印了最便宜的名片，開始找我認識的同行或不認識的同行，告訴他們，我可以用業界最低價承包，無論是代工帶料，還是代工不帶料，或者是人員支援，我都可以。

當然，這些同行也包括了阿誠。阿誠便給了我幾間鐵屋讓我去試一試。

利潤呢？坦白說，那時不是很在乎，我只是想了解材料、過程與整個費用。於是我找了大哥與從小到大的童伴來幫忙。

第一間自己主導的鐵皮屋不帶料，條件是必須在兩天內搞定它，不然就沒得賺，拖太久自己還會賠上工資。

結果，第一間賠了。我們做了三天，但我獲得了材料明細單據。感覺上，值得了！

對我來說，這明細有如武功祕笈，讓我高興了好久。

看到這裡，或許有人會說，就直接打電話問料行不就好了？

是啊，但因為我個性害羞膽小，又沒認識的料行，叫我貿然的去問，這種事我真的做不來。所以，才會用自己的方法做了這些蠢事。

第二間鐵皮屋一樣不帶料，條件也是必須在兩天內搞定它。

第二間小賺了。是感覺上賺了，可是我們付出了更多的心血，每天一早七點就進場，中午吃完飯就繼續做，直到晚上七點才收工。

第三間……我懂了，原來賺與賠，全在於承接的條件上。要嘛盡量跟對方爭取拿足夠的價格或好一點的價格，要嘛就是心狠一點，偷工減料只要外觀有達到就行了。

但是，因為他們會找我，就是看準我比較低價，所以第一項拿足價格是不太可能了。先不說我的搭檔是不是老手，光是以承接的金額來付工資，就已經相當嚴苛，要賺錢，除非偷工減料。

是的，只能選擇第二項。偷了工，速度才能變快，比如鐵屋的樑要柱子支撐，若能借固定鄰居的牆面，那柱子就省了；雙支拼的柱子變單支的柱子；原本打的釘子要三百顆，就少打一百顆……

那確實是快多了！是的，如同老前輩說的：「大家都嘛是這樣做，壞了才有新的工作可以做。」

有一次，也是同行發包一組鐵門給我承接。我算了算，要二萬八千元，同行說太貴了。

我說：「那二萬五。」

同行還是說太貴了，「二萬二看行不行……以後還有很多工作都可以發包給你。」

我說：「二萬二……我算過，根本沒賺……除非自己做快一些……」

最後，我還是答應了。因為客源來之不易，這次便宜給他，下次才能賺回來。

好吧，硬著頭皮做吧！辛苦的將門片材料搬到頂樓，做好後，再從五樓頂搬下去。

嗯，地點在基隆……只好去租個小貨車。對，我有駕照，只是我還沒開上馬路過，只好委託沒駕照的夥伴。就這樣，一路從中和開到基隆。

路途遙遠（那時還沒有北二高），我們一路緩慢的前進。就在以為快到了時，夥伴卻因塞車閃車，緊張得去撞破了隔壁車的照後鏡。

也因為我們都是開車新手，不知道該如何處置，以致車子不斷的向前滑行，被害車的車主以為我們要逃跑，奮力追了上來，一把將夥伴拖出了車子。

我見狀，只好不斷的跟他道歉，說我們不是故意的。賠了二千元，對方才願意原諒我們。

經過一番折騰，總算到了安裝地點，業主已經等了我們許久，道完歉後便立刻安裝。

舊門拆除，要裝新門時，卻發現新做的門寬度少了六公分。天啊！怎會出現這種問題？原來是我算料時算錯了。現在，也只好硬著頭皮上，就將錯就錯的給裝上去，少的地方就用矽利康給補上吧。

完成後業主檢視時，我從她的表情可以知道她似乎察覺了什麼，有地方不對勁，但又說不出是哪裡……

發包的同行來了（發包的同行是業主老公的好友），所以很快的，業主將錢給了發包的同行。

一、二、三……三十六，發包的同行數了總共三十六張鈔票。嗯，我內心嘆了一口很大的氣。算你狠！跟自己好友拿了三萬六千元，卻發給我二萬二千元，算你行！

同行收了錢後，裝著是我老闆一樣檢視著門。只見他臉色很難看，我心裡就知道他已經發現缺點在哪。

離開現場到巷口時，同行算了二萬元給我，並說那缺失他以後要再處理，所以扣二千元。

什麼？是啊……的確是自己的錯，可是，扣二千元也太……

好吧，只能寄望下次的工作補回來了。（可能嗎？就那次工作後……後面說好的工作就此沒下文了。）

新想法與新據點

就這樣，三人小組亂接了一堆工作。每個上包給的觀念就是快！快！快！只有速度快，才能賺到錢！我一直以為這才是王道，直到一次接到的案子，我才有了不同的想法。

這次的業主是大哥的好友，他想為他的新房子做一些鐵窗來做防盜。他非常信任他的好友，也就是我的大哥。

我們去丈量後，拿到一個還不錯的價格。但是，因為生產地點必須跟同行暫借，必須支付給他成交金額的一成做為租金，於是在必須賺錢的指令下，我做了錯誤的選擇。為了求快，將焊道變短；為了降低成本，將管子間隔距離放大；為了賺更多錢，還將管子的厚度變薄……

我們順利的裝完鐵窗，我們順利的收完尾款。卻正在高興時，聽到大哥在電話中被好友斥責。因為大哥好友周遭的友人發現了不對勁，告知他被偷料了。

電話中的罵聲結束了，大哥跟我心裡都知道，這段友誼也跟著結束了。我們是賺到了錢，卻因此失去了一位好友……

這樣的作法、這樣的觀念，真的是對的嗎？這樣做真的值得嗎？

不，不應該是這樣的。（至今，我們仍對那位好友心存愧疚。）

是該改變想法了！是的，不應該再這樣做了！不知不覺的，腦袋中有了一股新觀念：**「將業主的需求當做自己要的，要感動別人前，先感動自己！」**

於是，慢慢的得到一位設計師的欣賞。

有一天，設計師說：「昌仔，我可以拿圖去你工廠跟你討論嗎？」

蝦米！「這不好吧，我們現場討論就好。」

設計師說：「我有些工法想跟你討論，在你工廠比較適合……」

好吧！（紙是包不住火的）你就來吧！然後給了住址……

設計師：「五樓？」

「嗯，是的，是五樓沒錯！」

設計師來了後，看了看四周。不可置信的問我生產的流程，問完之後便離開了。我知道該發生的還是會發生。

果不出所料，後續工作就再也看不到他的身影了。這讓我了解到實力的重要，但同時也覺得，該是為自己找一個落腳處了。

■

就這樣一路跌跌撞撞，直到那年的清明節……

掃墓時我又與大伯見了面。對！就是怪手與鐵工兩條路讓我選的那位大伯。原來，他已經聽到消息，知道我沒在阿生那邊做了。

大伯：「你最近在做什麼？」

我：「一樣在做鐵工……」

大伯：「怎麼不在阿生那裡做？」

我：「……我不知道該怎解釋。」

大伯：「那現在在哪做？」

我：「喔……我在我家屋頂上做……」然後，我便把怎麼將料搬上屋頂與做好運下來的流程，與自己想出來做的想法，全都一五一十的告訴了大伯。

大伯露出驚訝的表情說：「你不怕失敗嗎？」

我笑著說：「怕啊……就是怕，所以趁年輕……失敗了就去當師傅，存夠錢我就再自己開，總會讓我成功的。」

大伯點了點頭，似乎也認同我的說法。

過了幾天，大伯打了電話給我，說他砂石廠的對面有塊空地要蓋鐵皮屋，叫我去看。去到現場後，才知道那塊地是大伯的。大伯邊走邊說著要如何蓋。

我心想：嗯，這是大伯自己要用的，不能賺他的錢。

就這樣，過了幾日便開始動工蓋起了大伯的鐵屋。施工時，我在大伯的鐵屋屋頂上看了看四周，我知道這間鐵屋旁邊的地曾經是我們家的，是爸爸賭博把它輸掉的。當時心想：等哪一天有能力的話，我一定會把它買回來的！（昌仔的野望……）

■

就這樣靠著三腳貓功夫，總算把大伯的鐵屋做好了。大伯看了看，指著對面砂石廠別人蓋的鐵屋說：「你要再加油，去看看別人蓋的，要精進自己的技術，知道嗎？然後……這間你自己蓋的鐵屋，就給你當工廠好了。」

「真的嗎？」我驚訝的問，「可是……這租金我可能付不出來。」

大伯笑了笑說：「隨便你啊……看你一個月能拿多少出來，就付多少？」

我聽了頓時紅了眼眶……真的不知道該說什麼。

謝謝你，大伯，我會努力的！

在壓力中奮起

嘲笑與打壓

正當高興著總算有自己的地方時，磨練總會跟隨而來。

有次去安裝鐵窗，碰巧遇到認識的兩位前輩，但兩位前輩看我的眼神卻跟以前不一樣。

我上前打了招呼，兩位前輩卻嘲笑著說：「厲害嘛……自己出來開耶……」「原來三腳貓的功夫也可以騙吃騙喝喔……」

兩人一搭一唱的不斷嘲笑我。當下，我完全不知道是什麼原因會讓他們如此的對待我。我只知道，這感覺不好受，只好無言的默默離開。

回到家後，心裡很不是滋味，猜想是不是因為我離開了阿生，同行在替阿生抱不平？應該是吧？的確，我是太自私，如果這是一種懲罰，那我會接受……

在有一陣、沒一陣的工作中，好不容意接到一間鐵皮屋。

這間鐵屋是媽媽的好友介紹他的朋友，然後他的朋友在神明面前博杯，神明同意給我做，我才有這機會的。

正在高興時，老天爺卻不怎麼肯幫忙，綿綿細雨連續下了好幾天。

此時，接到了材料行的電話：「曾先生，你鐵皮屋什麼時候要去蓋？」

「最近都在下雨，要等好天氣才會去蓋喔。」

「是喔……那貨款十幾萬你要先來清喔。」

「為什麼？不是說好月底結帳的嗎？」

「……喔……你還是先來清……我們才會出料給你喔……」

「嘟……嘟……」對方掛了電話。

怎麼會這樣？好吧，可能是與料行剛配合，料行不信任我吧？於是趕快跑去提款機提了錢，直接拿了去給料行。

「呼呼……嗯……你算一下。」

料行驚訝的說：「你怎麼這麼快就拿來？」

「喔……你既然擔心，我就先拿來。這樣吧，以後每件貨款我都跟你現金算。」

料行：「不用啦……每個月結就好。」

「可是我沒辦法每次都像今天一樣……不過，只要你打電話來，我會盡量馬上拿來……我知道你擔心我跑掉，請放心，以後我們都用現金做生意，只要你覺得金額大，需要先付，那你再打電話跟我說。」

料行：「……不是啦……其實……是外面有個風聲……把你說得很不好聽……」

「蝦米……原來事情已經演變這麼大……你放心吧，如我剛才說的，以後叫貨都付現金也可以……」

我落寞的離開了料行。原來，我給人的印象是這麼的差勁，我該檢討了……

只能向前了

就算所有人都看不起我，我也要盡最大的力量，來讓這些人改觀！

所以，那時候我的態度非常積極，只要客人下訂，我一定會以最快的速度交貨給他，也

因此獲得了一些工作的機會。

有一次，設計師喜歡我認真的態度，決定將一大一小的鐵樓梯交給我做，聽到時非常高興，但也煩惱到睡不著。

煩惱的是，我沒單獨承攬過，心裡壓力非常大，擔心萬一搞砸了怎麼辦？但坐以待斃不是我的個性，於是我請教了認識又願意教我的同行，也跑去書局買了相關的書籍。

嗯，這樣應該多了幾成的把握！

總算到了安裝的那一天。那天清晨就開始下了大雨，我、俊助與大哥三人將工具疊在摩托車上，穿著雨衣朝信義路的工地前進。

是的，我連買貨車的錢也沒有，只能拜託料行直接將貨送到現場。

鐵工冷知識

加強焊接工法：在製做樓梯或其他厚板工程時，常會遇到厚鐵板的對接，但又必須對事後的焊道做磨平的處理。此時在前置作業上，我會將兩塊鐵板的接合處倒角、削角，讓兩塊鐵板接在一起時缺口呈現V形，此時再焊滿，焊接時的溫度也更容易達到滲透焊的效果，這是一種加強焊接的工法，這時候再將滿出的焊疤給磨平，既不影響結構又可達到美化的效果。

大雨中，三台載滿工具、後頭背著樓梯的摩托車奔馳在基隆路上，只為了怕讓貨車司機等太久。

到了現場，順利的將貨搬到室內，此時設計師已經在現場了。奇怪的是，旁邊也多了一組正從貨車下貨的鐵工人馬。

我向設計師點了點頭，打了聲招呼。設計師問我要從哪裡開始做，我開始解說我的流程與作法，沒注意到另一組鐵工的老闆站我後面。

鐵工老闆聽了我的作法，非常不以為然，說怎會這樣做呢？然後把設計師拉到旁邊講了許久。

最後設計師朝我走來，支支吾吾的說：「昌仔，抱歉……我想了想，這座大樓梯還是交給他們做好了，錢我會補你的……」

「喔……沒關係。」沒的選的我，也只能這樣回答。

或許我設備沒他齊全，或許我經驗沒他豐富。

但是，我擁有的是熱情（在家不知畫草稿演算摹擬了N次）！

我擁有的是創新（在製作前已看過多本書籍與請教認識的老師傅）！

我擁有的是堅持（給自己的原則，就是不偷工減料）！

來輸贏吧！

見真章的時刻到了。

設計師告知大樓梯轉給他人施作的當天，我的心情一直沒辦法平復。回家的時候，前往機車停放在信義路的路上，天空又下起雨來。雙手因為提著工具，走了一段長距離的路，手指痛得再也忍受不住，腳步因此停了下來。望著天空，眼睛卻因雨水睜不開來……

如果這是困境，那只有這樣的程度嗎？**我可以的，打不倒我的！**深深的，告訴了自己：絕對，絕對，絕對，不能這樣就認輸！

幾天後，另一家鐵工廠所做的大樓梯完成了，而我還在搞我的小樓梯。水平尺與角尺不斷的量啊量，稍為誤差就拆掉重焊……

我瘋了嗎？不！或許在旁人眼裡是這樣想，可是在我的觀點裡，樓梯就必須該直的直，該水平的水平，我不願意以最草率的工法，而造成樓梯失去應有的水準。

我不願意以馬馬虎虎的態度，去對待我的樓梯，與我的人生。

瘋狂吧，也許是，但只要能做出我想要的，我能感動的，我願意為此付出！

重複修改的動作引起了木工老闆的注意。木工老闆說：「年輕人……你太認真了啊！別人都做好了……你還再搞，你這樣會賺錢嗎？」

不介意手髒，趕快擦了臉上所流下的汗水。我傻笑臉紅的說：「沒關係啦，錢有沒有賺是其次，東西做好比較要緊……最重要的是，不能輸……」

木工老闆對我笑了笑，拍拍我的肩膀說：「加油囉！」

「嗯，我會的。」

完成的數日後，設計師找了機會跟我說：「木工老闆他很推薦你喔，他說你做的尺寸、角度、水平都相當的準。他很讚賞，我也覺得不錯，下次有機會再配合吧……」

聽完這句，真的讓我起了雞皮疙瘩，心頭也瞬間酸了起來。剎那間，我真的明白了，也更加肯定了。**原來，認真的看待自己的工作，才是最重要的！**

先讓自己感動，才能讓其他人感動。嗯，就是這樣，繼續瘋狂吧！為此，我願意！

【鐵師傅要告訴你的事】

鐵製樓梯的理想條件

怎樣才算是一座好的鐵樓梯呢？如果你可以放開雙手不必攙扶著扶手，就可以輕鬆的上下樓，那代表這是一座好樓梯。

通常我們在設定踏階的深度時，會以成人的腳下去做設計，所以踏階深度最少要 20 公分以上，但如果可以到達 25 至 35 公分，那就再好不過了。

而踏階的高度，直接影響了樓梯的坡度。舉個例，以上述踏深標準 25 公分為準，那麼踏階高若設定為 25 公分，則此時樓梯坡度為 45 度，但根據經驗，45 度並不好走。俗話說「如履平地」，因此角度越小，當然就越好走、越省力，所以通常設定的高度大多為 15 至 20 公分左右。

樓梯除了這些基本設定，再來就是使用的材料與製作的方式。因為現在的樓梯不單單只扮演著上下樓工具的角色，做得漂亮的話，它會是一座美化整個房子的裝飾品，所以師傅們的做工很重要。

工作的生態

結婚後有了小孩，生活的壓力更大了，但也隨著年紀的增長，做事的態度與經驗，也更好更豐富了。

然而，工作量雖然逐漸穩定，但也是必須靠自己去爭取、去想辦法，才有辦法做到。比如，原本有跟營造廠配合，可是到最後還是沒辦法忍受營造廠的比價方法，與接受營造廠的付款模式，而放棄了這塊市場。

畢竟我是小本經營，哪能為了賺微薄的利潤，去承擔兩個月的期票。

所以到後來，還是跟以往一樣跟著設計公司配合。可是在當時，設計公司常常會莫名的扣款，或者跟營造廠一樣開兩個月的期票。比如，這個月做了五十六萬，月底送帳單，月初才拿得到票，票的金額不會是五十六萬，通常尾數會被去掉，實際拿到的是五十萬，而且是兩個月後才會兌現。

那剩下的六萬呢？以他們的說法，這叫保固金，意思是，整個過程就是設計公司跟業主請錢的過程，如果都順利的話，那或許或許，你請得到這六萬。

但是，設計師私下都叫我們別妄想了，這六萬就是變相的殺價。

你以為設計公司是最後才殺價的嗎？若是，那就算了。通常一個案子一開始，我們工班看過現場與施作物後會提出報價單，這時候報價單就會被設計公司給議價一次。

相信很多工班的老闆都被教聰明了，原本應該是五十六萬的，索性就想辦法巧立明目，再加個十萬，變成六十六萬，此時再來跟設計公司議價。所以，就算尾數六萬拿不回來，也不會心痛。

這真的是一個很奇怪的模式！

而且工種在請款上也會有差別待遇，比如工種之王木工、泥工，一定都是最先請到錢的，因為一個案子裡，他們佔的比例是最大的，人數也最多，進場時間也最早，所以設計公司不敢得罪他們。我們鐵工則剛好相反，人數最少，施作佔的比例小，通常都在中段及尾段才進場，所以我們常常就會遇到前述的狀況。

後來我也厭倦了，寧願做一些普通業主的生意，可以收現金，雖然生意量少，但最起碼不需要受氣。

但因為結婚有了小孩，我不得不想辦法增加工作量，便改去做政府的招標工程。但是，做了幾個案子後，才發現送公文比施工還累。

正想放棄時，剛好認識了一位專門在標政府工程的陳先生。陳先生希望我與他合作，做他的下包，模式就是陳先生負責接案，而我就負責施工作業。

陳先生是位非常阿沙力的人，說一是一，說話算話，付錢爽快，所以我們一合作就是好幾年。而陳先生的承包範圍，可以說是全台灣了，只要有錢賺，他就不會放過。所以，那時我們因為工作關係，幾乎全台跑透透。

由於我必須幫陳先生解決各種疑難雜症、以及各種高難度的工作，雖然在當時利潤不高，又要跑遠程，但工作算單純，陳先生付款又爽快，因此我還滿喜歡跟他合作的。

有一次，陳先生說他接到屏東一個政府機關的案子，金額約只有十五萬，問我要不要接。

我說：「我不能都挑好做的來做吧。」

陳先生聽了笑著說：「我就喜歡你這點。」

於是我們在工廠備料完成後，就前往屏東準備安裝。那一趟應該算是我接過案場最遠的吧？開了許久的車，總算到達目的地，但到了之後才發現「解說牌」沒帶到……

解說牌，就是告知民眾這個標案做的用意是什麼？費用多少？等等，算是很重要的東西。

慘了，怎麼辦？因為解說牌約一百二十乘一百二十公分四方，壓克力材質，要寄下來也怕弄破，反而麻煩。沒辦法，只好請我老婆坐火車幫忙拿下來。

於是打了電話拜託老婆，老婆大人也知道事情的重要性，二話不說，馬上跟公司請了假，隔天帶著歲數還小的兒子，展開了奇妙的旅程。

首先，我老婆必須帶著兒子坐公車去我的工廠，帶上解說牌，再坐公車去板橋火車站坐火車，坐到台南後再轉車到屏東。坐了一整天的車，才千辛萬苦的將那解說牌送到我們手上。

陳先生後來知道了這件事，更是認同我們負責的精神，所以很多案件幾乎丟過來就做了，連報價都不用，請款更是爽快，直到今天，我都還沒遇到像他這麼爽快的客人。

可是，這畢竟屬於稀有，可遇不可求。而且光靠陳先生一人，是沒辦法養活我們全家人的。所以身為老闆的我，還是常常為了工作量而傷腦筋。

人生的起伏

那一年真的運氣不是很好，除了案量少，還被設計公司欠債。這都算了，在接近年關要過年時，想說沒什麼工作，就來整理工廠好了。

於是把工廠旁廢鐵區裡頭的廢鐵，載去賣轉了一些現金，過年多少能貼補一些，也將大小工具都給上油保養清潔一番，畢竟這些都是幫我賺錢的傢伙。

整理到自己滿意後，便在心裡告訴自己：好吧，今年度就到這邊結束了。再過五天就過年了，沒什麼工作，那就休過年囉！

回到家後，開始盤算著明年的衝刺計畫。對！就這樣，希望來年能開紅盤，別像今年運氣不佳。好了，別再想了，要過年了，好好放鬆自己吧。

當天晚上要睡之前，總覺得有哪裡沒做好的感覺，但應該是我多慮了，不再多想後就慢慢沉睡進夢鄉……

吃飯的傢俬不見了！

凌晨五點，床頭的手機響了起來。奇怪，不是將鬧鐘取消了？嗯？才五點……誰打的？仔細一看，原來是對面開砂石廠的大伯父打來的。因為大伯父開砂石廠，職業的關係，所以每天都必須很早就到廠裡。

我接了電話：「阿伯，怎麼了？」

大伯父說：「你昨天走時有關電捲門嗎？」

我說：「有啊，怎麼了？」

大伯父說：「那不妙了？你趕快過來看，你的捲門開了一半……」

我聽了驚訝得跳了起來，衣服穿了趕緊飛奔到工廠去。

一去一看，真的，捲門怎沒關好開了一半？此時不好的感覺湧上了心頭。

我打開電捲門，一看，完了！我停在裡頭的貨車，那台從一開始就伴隨我打天下的貨車不見了！

我開了燈，再看看，真的心冷了。辛苦這麼久，賺的錢再投資下去買的工具全被搬光了，只要能搬的，可惡的小偷幾乎都搬了，連放在角落壞掉待修的工具也都搬了……我呆住了，怎麼辦？

報警……對，報警！說不定馬上就可以抓到小偷，我馬上撥了一一○。

警察沒多久就到了，來了兩位警官。

兩位警官說：「這種很難破案喔。」

我說：「為什麼？」

警官說：「你工廠灰塵太多，這樣沒辦法採集到指紋。」

我說：「不會吧，櫃子那裡，還有電捲門的開關，這些都應該有機會吧。」

警官不理我，另外問：「你掉了什麼？」

我說：「貨車，還有很多工具。」

警官說：「貨車應該可以找回來，可是工具就很難了，因為就算找回來，你也很難證明那些東西是你的。」

我說：「不會吧，對了，對面加油站有監視器，再過去超商也有，可以調監視器，這樣就可以循線找到人……」

警官看著加油站的監視器說：「那角度應該拍不到你這裡喔。」

我說：「可以吧，你要不要去問看看？」

警官回我說：「等一下會有搜證人員來，你再跟他說。」

我說：「喔。」

我天真的以為警官都是有責任感的，會為民盡責的，但結果竟不是這樣。我傻傻的等搜證人員來，結果來了一名警官，他看了看，直接就說沒辦法，灰塵太多。

我說：「那監視器？」

警官卻直接勸我說：「想開點，這種慣犯偷了一定馬上脫手，工具是找不回來了。」

我心想，怎麼會這樣？難道事情就這樣算了？（後來才知道這叫吃案，因為我連報案三聯單都沒有。）

我一整天呆呆的站在工廠裡，真的不知該怎麼辦？連警察也不幫我……

若要說積蓄，這些工具跟貨車才是我這些年來辛苦賺的積蓄啊！

隔壁鐵工廠老闆知道我的店遭小偷後，進來安慰我，並跟我說：「別太難過了，我的店前幾天也是被偷啊，是我外甥住樓上聽到聲音跑了下來，小偷嚇到才跑走，工廠才沒什麼損失。」

我驚訝的看著隔壁鐵工廠的老闆說：「那你遭小偷，為什麼沒講……算了，現在已經來不及了。」

隔壁鐵工廠老闆說：「啊！不然你去重新橋或福和橋下的跳蚤市場，去那邊找，或許有機會，因為我朋友有成功找到的紀錄。」

對齁，去那邊找，說不定真的被我找到。於是，年前的最後一個假日（因為跳蚤市場大多假日才有開），星期六的早上一大早，我就先去了福和橋的跳蚤市場找。

一攤找過一攤，沒有……我失望的表情全寫在臉上。

老婆安慰我說：「我們再去重新橋找啊。」

於是我們再前往更大的跳蚤市場。

這些跳蚤市場是我從不曾來的地方，因為我總是懷疑著這些貨源的來處。所以，今天來真的是很不情願，我一攤找過一攤，就像警探在找尋凶手般。一攤再一攤，不肯相信沒有的我，又再次巡過一次。

站在最後一攤攤位前，確定沒有，正失望的時候，我看見一個兩隻手提滿工具箱的年輕人，走進攤販中與老闆聊了許久，並且打開工具箱讓老闆驗了貨。攤販的老闆討價還價後，強勢的拿了二千元給了那位年輕人，並打發他走。

我看了很氣忿，心裡想，會不會裡頭有我的工具？

我鼓起勇氣，走向老闆跟老闆小聲的說：「我可以看一下剛來的貨嗎？」

老闆瞧著我打量了一下，說：「可以啊。」

於是打開了剛來的貨。不是，不是，這個是我常用的品牌，但不是我的……

就在我瞧著手上這支八成新的電鑽時，老闆以為我有意思，便說：「喜歡嗎？那支二千五百元。」

靠！我心裡想，新的在店面買要七、八千，你賣二千五，擺明了就是贓貨。

我氣忿的將電鑽放回盒子裡。「不用了，謝謝。」

我轉身就走。唯一的希望也沒了。

在前往停車場的路上，我跟老婆說了剛剛看到的情形。

老婆說：「外面賣七、八千，他賣二千五，八成新，如果是好的，為什麼你不買？」

我說：「你明知道是贓貨，那還買？我擔心的不是會被抓的問題，而是良心的問題，今天如果我買了，就等於是助紂為虐……」

就這樣，唯一的希望也沒了。

在當時，要叫我振作真的很難，我自己也真的不知道該怎麼做了。乾脆收一收回去當師傅好了，什麼煩惱，什麼壓力，都沒了！

上上籤

日子還是要過。過年了，老婆說去三峽的恩主公廟拜拜，求神明幫忙一下。平日鐵齒的我，此時好像也沒什麼可以選擇了。

於是我們到了恩主公廟。我虔誠的祈求神明，指示下一步我該怎麼走？然後應老婆要求，抽了一支籤。籤的內容大概如此：若要找失物，勿急東西，會在南方找到；若問工作，危機就是轉機，此關過後，就可順遂平穩發達。

是支上上籤啊！

我心裡想，會準嗎？但準不準已經不重要了，因為抽到好籤，代表神明是站在我這邊的。

很快的，最難過的春節過去了。一開工，面臨的問題就是工具跟貨車都沒有了，怎麼辦？以前的老闆阿生，從大伯那裡聽到了我的消息，特別撥了電話給我，安慰說：「別失志，錢再賺就有，沒工具跟貨車，我的可以借你。」

這通電話讓我非常感動，畢竟我在谷底時，還有人願意拉我一把。但這只能應急，我決定怎麼做才是重點。繼續開業？還是回去當師傅？或者……直接改行？

不！不能就這樣被擊倒！我一定要想辦法再爬起來，而不管如何，都必須再買一台貨車。跟老婆看了幾家廠牌的貨車，心裡想著，也只能再用貸款分期的方式購買。

至於工具，我還是不死心，已經跑了三趟跳蚤市場，還是沒找到。

正想離開市場時，老婆嘮叨的說：「你真的不在這裡買工具嗎？你新貨車就要花不少錢，你又買了幾台新焊機，我們已經沒錢了，你知道嗎？」

我聽了難過的說：「對不起……讓妳擔了這麼大的壓力，我一心只想趕快振作起來，卻沒有想到錢的問題，是我的錯……該怎麼辦呢？叫我去那家贓貨店買，是不可能的。」

但會不會每家都是銷贓貨的，應該不會吧，這麼大的跳蚤市場不會這麼沒王法吧？

老婆知道我在顧慮什麼，說：「不會每家都賣贓貨啦，不然我用兩枚硬幣來擲，一樣的就是在這裡買，若不一樣，就去店裡買，如何？」

我想了想，說：「好吧，就交給硬幣來決定。」

結果是兩枚一樣的。呵……這還真的說服了我，就當是天意吧！所以我在那邊挑了幾把較新的電動工具，因此工具的問題暫時解決了。

現在只剩貨車還沒買，必須快點決定才行。

■

回到家裡，不知為何遲遲沒決定新貨車的事情？可能我覺得還找得回來吧，也可能是那張籤詩說服了我。

過幾天後，我接到警察打來的電話：「喂，你是不是有輛藍色的貨車？你有報失竊對不對？現在在土城工業區找到了喔，你要過來嗎？」

我一聽，整個人立刻振奮了起來。「好好，我馬上過去。」

一看，是的，這是我的貨車！於是拿了證件給警官辦好手續。

我開心的察看貨車有沒有損傷，一開車門，就發現車裡頭亂成一堆，有沒吃完的麵包，還有加油的發票跟超商的發票。

我將發票拿給了警官，說：「這發票的日期才兩天前，去這些地方調監視器，一定就能抓到小偷。」

警官笑了笑，沒有理我，當做沒聽到，顯然的不願意理我。

是啊，像我們這種沒背景做工的人都該死！今天如果是什麼議員或立法委員，可能不用三天，喔，不，可能不用三小時，就破案了吧。真的讓人很失望……

我知道，你也別急著要吐槽我，但這是我遇到的，所以我不平。我相信絕大部分的警官是好的，只是我的運氣較差而已。

果然，籤是準的，它應驗了！

有了一直陪我奮鬥的貨車，我又充滿了信心，可以繼續拚了！

換個名再出發

從以前就一直覺得在工作上起起伏伏的，尤其去年整個不順。

老婆問：「會不會跟公司名字有關？」

我說：「你知道的，我不相信那個。」

老婆說：「店名有差啊，好的店名是會讓人印象深刻的，你有沒有考慮換店名？找那位幫我們兒子取名的老師，我覺得那位老師取的名字都很不錯耶。」

我說：「這樣又要花六千元。」

老婆說：「如果取得好，生意旺，六千算什麼？」

想想也是，於是請了那位老師幫我改店名。老師依照我的生辰八字與職業內容取了七個名字讓我挑，我第一眼就挑到那三個字的，其他連考慮都不考慮。

「老婆，就這個好不好，你覺得呢？」

老婆一看，也覺得非常好。

於是就將原本的店名改成現在的名字——永燊達。

老婆說：「店名改了，那貨車要不要順便去去楣運？我們去挑個喜歡的號碼如何？」

我說：「好喔。」心想，對我來說，這等於是一個新的開始。

嗯！我要再加把勁才行！

網路出頭天

改名後的某一天，因工作需要，我前往長期配合的彎管工廠，希望他能幫我做些加工。陳老闆已經六十幾歲，因工作的關係，兩隻手十根手指頭都早已壓傷變形或變短。

彎管，就是將預彎的鐵管放在機台上，手必須扶著管子，讓機器的力道將管子彎成我們要的加工。在這過程中，若一個不留意、不小心，手指頭就可能會被夾住壓碎，陳老闆的手指頭就是因此每隻都受過傷，外觀看起來就像是青蛙的腳趾般。

但他沒得選擇，因為他必須靠此謀生來維持家計，以致手指的傷一次又一次。

陳老闆的兒子是高學歷畢業，原本可以在外頭找份好的工作，但他不忍他的父親再這樣繼續如此賣命勞力，冒著斷指的風險，於是願意頂下父親的工作。因為他知道，他父親投注那麼多本錢在設備上，叫他父親退休不要做，那是不可能的事。

就這樣，善良的小陳開始從事跟我一樣黑手的日子，但因為他的頭腦很靈活，又是讀過書的，所以見解都跟我與他父親不同。

他首先幫他父親的工廠重新包裝，以新形象出發，然後增加了幾個沒危險性的買賣工作，真的很有頭腦。

那天，如以往般我開著貨車到了小陳的工廠，請他幫忙加工幾樣鐵件。

小陳一看到我，就很親切的叫著：「昌仔，你來了喔。」因為認識陳老闆也非常多年了，小陳把我當他大哥一樣。

我說：「不錯耶，越做越棒，真有你的，佩服佩服。」

小陳說：「嗯，這樣才能在同業中脫穎而出啊。而且不只這樣，我們公司有網站了喔。」

「網站?你做的?用買的？」我心急好奇的問。

小陳：「不是買的，是我自己做的。會用網站，是因為以後一定會是網路資訊的時代，做個網站，有需要的人一搜尋，就可以搜尋到他要的資訊。而我們公司有網站，這樣網路的客人就可以進去裡頭看我們的作品與營業項目，喜歡時裡頭也有電子信箱跟聯絡電話，挺方便的。」（那時候智慧型手機還沒問世呢！）

我睜大眼睛說：「真的耶，我相信，那那那……可以幫我做一個嗎?」

小陳說：「不好意思啦，不是不幫你，因為裡頭卡到虛擬網址種種的問題，若叫專門的人也要不少錢，所以歹勢啦！」

我失望的說：「喔……好吧，沒關係啦。」

離開後，在回工廠的路上，我的腦海裡一直出現小陳說過的話。嗯，小陳說的是正確的，若可以，我也要來弄一個網站。對了，回家後就可以先上網查一下。

於是下班後我馬上上網查，我在空白欄處打上「如何製作自己的網站」，隨即跳出一個別人問的資訊欄。連結進去……是奇摩的知識＋。裡頭已經有人回覆，就跟小陳說的一樣，有些地方是需付費的，但解答者另外說了，其實部落格是免費的，而且宣傳能力不輸給網站。

興奮的我，就按照解答者的解說，在奇摩建立了我第一個部落格。這一切是多麼新奇呵！我也不曉得，這居然會讓我的人生有了那麼大的改變。

成立部落格後，我卻不知道裡頭的內容要放些什麼？放些美食照片好了……不對，我是做鐵工的，當然要以專業的角度來看待，可惜以前做的作品都沒有拍照留下來。

對了，我可以將鐵皮屋的工法與該注意事項寫下來並拍照下來啊！於是，就照心裡所想的給PO了上去。可是問題又來了，瀏覽人數只有二人，這二人應該都是自己吧。

是啊，誰會沒事跑來看你的網頁。正在煩腦時，腦袋突然靈機一動。對齁，我不是有打關鍵字，然後跳出一個平台叫「知識＋」的，我可以來去那裡宣傳看看。

果然，在知識＋的居家裝潢版一堆人在打廣告。哀……我若是求答者，看到這些人也會很煩，那我要跟他們一樣做一個惹人嫌的人嗎？

此時，剛好翻到一位求答者，他問家中的電捲門有聲音，該如何處理？這剛好我會，我便以「鐵工～昌仔」的名號去解答。

我順利的解答了此問題，並獲得最佳解答。此時我發現，得到最佳解答者，網客會因好奇而去點了「鐵工～昌仔」這名字，然後就連接到我的部落格了。

傑克！這真的是太神奇了！

原本瀏覽人數二變到二十……哇！我想我找到宣傳的方法了！於是我很努力的解答跟鐵工或者我懂的問題，可是我不在上頭推薦自己，純粹以幫忙解答的心態，用逆向操作的方式，去吸引人們的注意。

果然，瀏覽人數漸漸有了起色。但是，總不能只靠一篇文章來吸引人吧，所以只要跟民生所用會接觸到鐵的這部分，我都PO上了部落格。

到這裡你可能會問，我這樣做是為什麼？在當時，純粹只有一個目的，就是自己在網路上搜尋自己時，也可以搜尋得到，那時的認知是，這才叫網站。

可是萬萬沒想到，居然會有生意上門。第一個上門的生意，是換信箱鎖的小工程，但這真的讓我高興了好幾天。高興的原因是，因為已經有人會搜尋到我的「網站」了，也沒想到，創設部落格這個決定、這個動作，會扭轉了我的一生。

第二塊鐵 鋼鐵人間

決心與貨車

創業初期，工作漸漸穩定後，工作天數從個位數稍稍增長到雙位數，但心裡總覺得這一切是假象，說不定沒多久又會被打回原形。

也因為這樣的想法，工廠一些工具架、料架都不敢做，貨車也不敢買，總覺得自己會失敗，應該會回去當師傅。

此時，我有位做指標的姨丈，工程如公共空間的告示牌，有些部分是金屬的，我的技術剛好能運用上，所以姨丈希望我能過去幫他。

這對我來說，真的是兩難，去了是非常穩定的工作，而如果還堅持自己打拚，那這有一頓沒一頓的工作，不知道能撐多久？只是，自己的努力真的只是這樣嗎？

深夜裡反覆的思量，是啊，做事情要有頭有尾，決心不夠，總覺得自己會失敗，這樣的心態怎麼可能成功，就放手一搏吧！

於是隔天告訴了姨丈我的答案，姨丈感受到我堅決的心，也鼓勵我這樣做是對的，他說了一段話：**「如果我們一輩子都挑有把握的事情來做，你怎麼知道你的能耐到哪邊？有決心就試試看吧！」**

是啊，這句話更堅決了我的奮鬥意志。梭哈了，全賭下去了！老是租車也不是辦法，所以我把剩下的積蓄當頭期款，分期買了我的第一輛貨車；我也開始規劃工廠，將工具架及料架都做上去。

這賭注對我來說真的很大，但我心裡知道，我的贏面很大，因為天道酬勤，只要肯做，是不怕沒工作的。

當一個人對事情的態度很堅決、很認真時，周遭的人都會感染到，自然而然的也會想幫助你。小阿姨跟

姨丈便是我生命中的貴人，他們知道我選擇自行闖天下，而不是去他們那裡，非但不怪我，還將工作發包一些給我。

小阿姨是讀商業管理的，每次見面時，都會教我一些管理的觀念，也包括了怎麼使用電腦的程式。

而姨丈不止將工作發包給我，也教了我許多在工程上及人員管理的方法，這對我來說，影響很大，也對我有相當大的幫助。

但是，姨丈給的案子是一陣一陣的，而認識的設計師也不是常會有工作進來，所以我只能待在工廠，痴痴的等候看有沒有過路客。

結果，答案是沒有的，直到今天，我用十根手指來數還嫌多。

鋁窗阿宏

在接案青黃不接的時期，我想到了一個方法，就是印傳單放在新蓋大樓每戶人家的門縫裡，心裡覺得，發個一百張……喔，不，是一千張，只要中一張，那麼辛苦就值得了。

於是馬上找了印刷廠印了仿照別人的傳單，準備執行這個「A計畫」。可是，正當我開始執行時，卻因為我的個性較為內向害羞，塞了幾張，就碰巧遇到工地主任。

工地主任生氣的說：「你們不要來製造垃圾好不好？電梯寫得亂七八糟，地上都是傳單，趕快離開這裡，不要再發了！」

我……才發不到一百張……好吧，只好去別的新建案看看。下樓時，看到一個年輕人也在發傳單。

我問：「不是不能發嗎？」

那個人回我：「你管他……你就塞，他也沒你皮條。」

「喔。咦……你是做鋁窗的？」我看了他的傳單一眼。

那個人：「是啊，你呢？」

「我做鐵工的，我叫昌仔。」

那個人：「喔，我叫阿宏。」

「我們以後有機會可以互相配合喔。」

阿宏：「嗯，可以喔。」

離開後想了想，我的臉皮不夠厚，發傳單這件事好像不適合我，還是算了，再想想其他方式好了。

■

在工地認識的阿宏，原本也沒預料他會跟我聯絡，沒想到過了幾天他真的打了電話來。他說基隆有個業主想做不銹鋼的採光罩，於是我們就約好一起前往現場去丈量。

業主一看到我們兩個，說：「不簡單喔，兩位老闆都那麼年輕。來……跟我說說這你會怎麼做？」

我一看，哇！是難度很高的採光罩，有弧形與不規則型的……好吧，人都來了，那就依自己的想法說吧：「這個先打版，然後再來現場組焊，然後……」

阿宏也認同我的說法，兩人一搭一唱的，直到業主沒有疑問。

我們離開後在車上閒聊，才知道阿宏比我小一歲，但講話與外表卻讓人感覺很成熟，又有江湖味。一問才得知他原本是幫派分子，因為老婆有了小孩，決定給老婆一個安穩的家，才決定退出江湖。

嗯，我只能說愛情的力量真的很偉大！

回到台北後，阿宏要離開時，還交代報價要趕快，然後記得加上他的佣金。

「喔，好的。」善良的我，此時又覺得業主好可憐，被剝兩層皮，但沒辦法，這生態就是如此。

回家後，我開始計算成本，算一算再加上阿宏的佣金，哇！快三十幾萬耶！從沒接過金額這麼大的案子，萬一搞砸了怎麼辦？萬一收不到錢怎麼辦？加上阿宏的佣金，會不會被嫌貴？……哦……是我想太多了，就報吧。

隔了幾天，阿宏打了電話過來，說可以下去做了。蝦米！真的還假的？真不敢相信。好吧，那就來吧！於是我照著當初所說的工法，去現場慢慢的做，邊做邊解釋（其實，我是照施工規範照唸照做的）。

業主說：「年輕人不簡單，這麼多細節你都有注意到，把客人家當自己家去做就對了。」

「把客人家當自己家去做就對了」，這句話好有感覺喔。對啊！應該是要這樣才對啊，將心比心（把客人家當自己家去做就對了），這句話我要把它收起來！

我回道：「嗯，你說的沒錯，把客人家當自己家去做，這樣客人也會感受到我們的誠意。」

業主笑了笑說：「做生意就是要這樣才會長久，客戶就會源源不絕，有口碑，一個介紹一個。」

就在這種和樂氣氛下，我居然完成了那時對我來說是高難度的工作。最後一天收尾結束後，業主把我叫到旁邊，拿了一個牛皮紙袋給我，我打開一看，哇！三十幾萬的現金耶！

業主說：「謝謝你的用心，我覺得你做得很棒，別人若有相同需要，我會再幫你介紹的。」

我心懷感激的說：「謝謝你。」

在我的心裡，這場我才真的收穫很多。原來「把客人家當自己家去做就對了」，用這心態去面對，得到的結果與感激是不一樣的。

三十幾萬，第一次接到的大案子，錢也比預期還早收到，心裡的壓力瞬間解除了，真好。

那晚，我帶了員工在附近找了一家海產店，叫了一些好料來犒賞自己，這種感覺真的還挺不錯的。

隔天把佣金拿去給阿宏，阿宏說他也接到業主誇獎的電話，因此更塾定了我們的合作關係。就這樣，我們合作了一段時間。直到某天，阿宏突然開了一輛新的進口車來找我。

我：「你怎麼有錢買？」

阿宏說這是他大哥便宜賣他的，讓他分期。

我訥悶的問：「大哥？」

阿宏：「嗯，靠鋁窗賺錢太慢了……」於是他又回到他原本混的地方。

我：「這樣好嗎？老婆不會擔心嗎？」

阿宏：「總比現在的工作好太多了，你看，做鋁窗、做鐵工，要做多久才能買到這輛車？」

我：「至少我們賺的錢是心安理得的，是靠我們的血汗賺來的，你現在賺的錢是壓搾別人所得到的（討債公司）。」

阿宏：「我現在管不了那麼多了，先賺幾年再說，你的貨款隔幾天再給你。」

我：「喔，好。」心想，做兄弟有那麼好賺嗎？

過幾天後，因為貨款的事，我連續打了幾通電話給阿宏，但遲遲都沒有人接。怎會這樣？再打一通好了。嘟嘟……

「喂……你總算接了，最近在忙什麼？電話都不接。」

「我就在我的工廠，你來找我吧。」

我去了阿宏的工廠，停好車，看到旁邊一輛車撞得滿嚴重的，這不是阿宏新買的車嗎？進了門，我便直接問：「阿宏！那輛車不是你的嗎？你……的腳還有臉怎麼了？」

只見阿宏腳包了石膏，臉黑青腫了起來。

阿宏遲遲不肯說出原因，最後才說：「這邊你看得到的工具就載走吧，就抵欠你的貨款四萬……」

「你真的不做鋁窗了嗎？做兄弟真的好嗎？搞成這樣……」

「你不懂……我已經陷下去了，脫不了身了……東西拿了你就走吧。」

「不！我不會拿。那是你回來的機會……我會等著你的。」

這件事情過了許久，後來在路上遇到他以前請的師父，才知道當初他所謂的老大為了拉攏他，便將車子便宜賣給他，但沒多久就被仇家盯上。最後阿宏也因為要復仇，違反了槍砲管制條例及傷害罪而入獄服刑。

真叫人不勝唏噓，一時的抉擇錯誤，竟要付出這麼多代價！

【鐵師傅要告訴你的事】

PC板施工的要領

通常在做採光罩時，玻璃與PC板就常被人們拿來做選擇，PC板也因為價格較便宜及好施工，所以在工程運用上算滿廣泛的。

但PC板長期暴露在外，會受到紫外線照射，會造成黃變及老化，久了會導致表層龜裂脆化，因此有些廠商會在PC板上頭加上一層抗UV層，來增加使用上的期限。

在施工上，有一定的規範，如兩塊板材接合或與牆面接合，必須保持一定距離，這是避免受熱膨漲時互擠造成龜裂，也因本身是塑料，膨脹系數較大，所以彎曲的地方建議不可鎖釘，在鎖附板材時，必須先以大螺絲一號的鑽尾，先行引洞，再鎖上有塑膠墊片的螺絲，鎖的緊度也要適當，如此才可讓板材在使用期限上能使用更久喔。

不一樣的生存模式

幸福街不幸福

鐵工的薪資是以天數計算的，做幾天算幾天，也因為工作天數不夠多，所請的師傅也就來來去去。所以，為了工作量，某些程度的犧牲我都是可以接受的。

直到某一天，我才覺悟到，其實不應該這樣。

話說，那一天配合有一陣子的設計師，說在台北市的幸福街有一間舊房子要換屋頂，我跑去看了後，發現那是一間三層樓的建築，但屋頂的斜度比一般的房子還斜。

設計師叫我別擔心，說他到時外牆會搭鷹架起來，還笑著說，就算跌倒了，滾也是滾到鷹架上。

當時以為是一句玩笑話，沒想到居然成真了！

那一陣子，每天都在下雨，工期因此也有所延誤到，設計師有點按捺不住了，便叫我隔天就去裝。原本是要拒絕的，但推不了設計師的要求，只好硬著頭皮上。

當天如心裡所預想的，天空果然飄落著毛毛細雨……不放心的再告知師傅們，速度放慢，小心為原則。

工程到後面，心想，就剩幾塊板子，再一下就完成了，心裡便稍為放鬆了許多。

但是……意外總是發生在意料之外。

突然，「碰」的一聲，就在我的面前，一位師傅因雨滑倒了！只見他四腳朝天，屁股蹬坐在鋪蓋的板材上，然後開始朝向屋頂邊緣滾落，直到他抓住旁邊的鷹架……

我衝了過去，抓住他的手將他扶起。

此時，他望著都是擦傷的右手，對著我說：「老闆，對不起……我太不小心了……」

聽到這句話，我的眼眶瞬間紅了起來。我顫抖的說：「是我不好……這種天氣本來就不該來的。」

當下，我請業主來看蹬凹的板材，說明剛剛發生的事情。「不好意思，是我不對，我應該堅持的……剩幾塊板，等好天氣再幫你做……如果你覺得我們配合度差，要換工班也沒關係。」

因為，**想賺更多錢，也不該拿夥伴的安危來換！**

當下，設計師本來還想要求我們將剩下板材蓋完，但在那種狀況下，根本說服不了我。我態度堅決的叫師傅們把工具收一收。或許是這樣的態度，讓設計師也軟化了，同意好天氣再施工。

離開後，在車上想了想，以後真的不要再這麼做了，萬一出事了怎麼辦？心裡也想著，剛剛對設計師的態度與勇氣是從哪來的？如果真的被換掉，這下損失可大了。

自己莫名地笑了起來。是啊，**該堅持的就是要堅持，堅持的態度，是會影響別人的。**

砍頭下來當椅子

屋頂這件事情過後，讓我對工作上的態度有了轉變。

幾天後，姨丈的好友看我年少肯拚，便好意的介紹一個統包給我，然後約了看現場，說著工作內容：「這邊做玻璃框……這邊放鐵桌子跟椅子……」還叮嚀著要掌握時間。

喔喔，我心想，這案子還滿大的，一定要好好努力，看能不能接下來。於是，回到家後便開始仔細的算成本，次日整理好報價單後，便傳給對方。

沒多久，就接到姨丈的好友電話：「能不能再便宜一點呢？」

我說：「喔，好……我再算過。」於是，晚上算過之後再傳了過去。

隔天，我接到了統包的電話：「你的價格太貴了，是天價！」

「怎麼可能，我已經算很便宜了。」

統包便開始細數：「玻璃框與鐵門太貴，跟大家一樣價格，我要賺什麼？鐵桌、鐵椅也太貴，一張桌子要三千？」

我聽了很不是滋味，便回道：「我給的價格都是一般給你們統包的價格，再降也有限，也不是你說的天價，一張桌子三千，但光烤漆就佔一千以上了。」

統包聽到我回嘴，很生氣的說：「反正再便宜點就是了，桌子烤漆要一千？你不會用鐵樂士噴喔？」

我一聽到鐵樂士……直覺不對，這是你要的品質嗎？對業主交代得過去嗎？

我回說：「好，就算鐵樂士，也要個四、五瓶吧，五瓶就多少了……鐵管成本多少，再加我們做的工，一張桌子也賺不到你一千。」

統包聽了更生氣，因為我太直白了。他生氣的說：「如果那張桌子要用到兩瓶鐵樂士，我頭跺下來給你當椅子……」

我聽到這句話，就知道事情嚴重了，但我還是堅持的說：「看你品質要求到哪，如果桌子只要有顏色，一瓶就夠……」

統包也不想再跟我多說，便撂下一句：「你自己想想吧。」

是啊，我是可以照他的方式去做，品質標準是他訂的，出問題也不關我的事。

不，不對！若這樣做，對業主能交代嗎？對自己能交代嗎？不對！不對！

正在愁困時，媽媽看到我愁眉不展的樣子，便問說怎麼了。我一五一十從頭說了一次，尤其那句「我頭跺下來給你當椅子」。

媽媽說：「砍頭下來當椅子……呵……賭注還真大！你就按照你心中的想法去做吧，有些錢不一定要賺，尤其昧著良心的事，自己要想清楚。」

是啊，媽媽說到了重點，這些做法不是我想要的，何必勉強自己。

於是隔天告訴了姨丈與他的友人，也對姨丈與友人感到抱歉。

姨丈對我說：「你的想法也沒錯，自己想清楚就好，做生意就是這樣，你不做別人會做，但別人做的，不代表你也能做，因為你是善良的。再努力吧！」

細節更重要

姨丈一直以來對我非常照顧，也拿了許多工作讓我渡過難關，而他包給我的工作，更與一般鐵工的工作不一樣，是屬於較細膩、較精緻的鐵的創作品。

有一次，姨丈接到某醫院指標系統的工作，其中有大量的金屬懸掛指標（指標也就是路標的意思）。

姨丈廠裡頭的老師父技術相當好，但我總覺得他的速度很慢，可能是我在外頭常以速度來取勝的關係吧。也因為這次的工作量很大，所以姨丈才請我來幫他忙。

我先看老師傅做一次。老師傅拿尺比了比，敲一敲，再比了比，再敲一敲，再比了比，最後再細心的、慢慢的滿焊起來。

因為要滿焊，將箱體的接縫全用氬焊機焊滿，所以有它的風險，如果溫度與順序沒掌握好，箱體的表面就不會平整，呈現波浪狀，這時這箱體就只能當失敗品了，所以老師傅會慢慢焊的原因就在此。

我當然知道原因，也絕對不允許失敗。我說：「我懂了。」

於是，我自己去旁邊組裝。心想，絕對不能輸給老師傅！

所以我卯盡了全力，一個早上就做了二十幾個，而老師傅才做四個。我贏了！但是，總覺得哪裡不對勁，老師傅走了過來，看了看沒說什麼，我再仔細看，沒變型啊……把作品放在桌上，哇咧！有點扭曲了！

正在看怎麼解救時，老師傅出聲了：**「快是不錯，但細節更為重要，細節沒掌握好，快是沒用的。」**

我心想，再怎樣產量也是你的五倍吧。所以，老師傅這句話我並沒有放心上，也繼續照自己的方式生產。

事情結束後，我也回到我的工廠，經過一段時間後，姨丈又接到某個百貨公司的案子，同樣的也將某些鐵件交代給我。其中有一項，姨丈覺得我與老師傅的能力是沒辦法達成的，所以叫我把材料送去某家鐵工廠，姨丈說那家鐵工廠在業界是有名的。

蝦米，有這種事！有什麼我辦不到的？這鐵工廠有什麼過人之處？我倒要好好瞧瞧！

我載著貨來到那家鐵工廠，一看……靠！就一般店面而已啊，比我的工廠還小。

我下了車找負責人，負責人指定屯放的位置，叫我搬到那裡就好。我邊搬，眼睛卻開始亂飄。

咦？為什麼他的師傅四、五個，每個人除了有自己的工作桌外，還都是坐著的，甚至聽著音樂、吹著電風扇，會不會太爽了點？這跟我們站著做，拚得要死要活的模式，完完全全的不一樣。

我好奇的湊過去，看其中一位師傅的作品。

哇！好精細！

再仔細看他生產的過程，尺比一比，敲一敲，手指摸一摸，再尺比一比，敲一敲，最後再焊滿……疑？這動作不就跟姨丈工廠內的老師傅有點像？不！應該說比老師傅更要求、更龜毛才對。

望著這位師傅的完成品，我起了雞皮疙瘩。

我想通了！原來，經營一家鐵工廠的模式可以有很多種，不一定都是靠速度取勝，比速度只是累死自己與師傅。

再快，還是有人比我們更快，而拿到的價格，也會因競爭而拿到廉價。

回想之前與老師傅的較量，我懂了！快，細節沒做到是沒用的！

以前為了速度，我不斷的在後頭鞭策師傅們快快快，師傅累，我也累，看到別人的模式，

鐵工冷知識

鐵材熱處理：就是將鋼件加熱到一定溫度，保溫一定時間，然後緩慢冷卻到室溫。而熱處理的目的，是為了降低鋼的硬度，提高塑性，以利於切削加工及冷變形加工，以及細化晶粒，均勻鋼的組織，改善鋼的性能，和為以後的熱處理作準備、消除鋼中的內應力。還有防止零件加工後變形及開裂。

坐著聽音樂，東西在沒壓力下，做足細節，成品自然就不一樣。

我懂了！將細節做好才是正確的。沒錯！走細緻的路才是符合我的，才是適合我的！我要改變我的生存模式！

也確實是該改變了。

鐵工夏令營

有天，當兵同梯的母親陳媽媽請我去幫他們家的屋頂做維修，施作完後，在客廳坐著聊天。陳媽媽問我的生意好不好？

我回說：「還過得去……還有待努力。」

此時，陳媽媽就在同梯面前不斷的誇我努力，賺的是辛苦錢，要同梯懂得知足，懂得珍惜現在的生活。

同梯陳說：「做鐵工哪有什麼，只是爬比較高而已，若我去做，也一定辦得到。」

陳媽媽有點生氣的說：「最好是，你如果撐得住一個月，就算你厲害，看你要什麼，我都買給你！」

同梯陳不服氣的說：「這你說的喔，我明天就去昌仔那裡上班，說到要做到喔！」

陳媽媽說：「就怕你不敢……我等著看！」

陳媽媽邊說邊給我打暗號，意思是拜託我讓同梯陳來我這裡工作。

就這樣你一言、我一句，本來開玩笑的事，卻當了真。

我跟同梯陳說：「你認真的嗎？」

同梯陳說：「當然啊！我媽老說我是軟腳蝦，說什麼我是好命，有家族企業可繼承，不然我去外面就會怎樣又怎樣，當兵時你也知道我體力不差，這次，我一定要證明給她看！她輸了，我就要她買輛車給我！」

聽他那麼說，我只得回應道：「喔，好……那你明天八點準時來我工廠。不過，我們最近都在做鐵屋，會很累喔。」

同梯陳說：「你擔心什麼？你真把我當軟腳蝦嗎？」

我說：「當然不是，只是這工作真的不輕鬆……」

同梯陳說：「放心吧，明天見！」

■

果然，隔天一大早，同梯陳準時的出現在我工廠門口。

「你到了？那走吧！」

於是一行三人載著滿車的工具跟材料前往工地。這次的工作內容，就是在舊鐵皮屋前後端往前延伸，加做新鐵皮雨遮。由於材料都不是很長，為了省吊車錢，所以所有東西都需用人力搬上六樓天台。

同梯陳為了表現他的體力不輸人，特別挑了最重的，我看了馬上阻止他。

我說：「重的給我來，你剛來先適應一下，先拿你覺得可以的上樓就行。上樓時不要急，要懂得換氣。」

同梯陳說：「哪有那麼誇張，搬個東西而已……」話還沒說完，東西拿了就走。

總算搬完了，我看到同梯陳臉紅通通的，還喘呼呼的。我說：「很累齁，休息一下吧。我先準備，你休息一下。」

同梯陳看我們沒休息就繼續做，不好意思自己在那邊休息，也不服輸的站起來幫忙。於

鐵工冷知識

型鋼：是一種有一定截面形狀和尺寸的條型鋼材，鋼胚加熱經軋延製成，是指應用於建築（鋼構）、構造物（橋樑、船舶、車輛用等）的主要鋼鐵材料。

是，我們就在烈日下搭起了遮雨棚的骨架……

總算到了中午吃飯時間，我們一到餐館便點了自己喜歡吃的東西，但同梯陳點了餐卻一副沒什麼胃口的樣子。

我問：「是不是哪裡不舒服？」

同梯陳說：「好久沒這樣操了……呵，所以有點不適應……我休息一下就好。」

我說：「好，現在太陽還很大，等一下我們休息到兩點，讓你多休息一下。」

同梯陳說：「為什麼？不要為了我改時間。」

我說：「還好啦，你不知道，如果地面是三十四度，那鐵皮上面就會感覺到約四十度，很熱很燙……鐵皮燙得連手都不能摸。誇張點的說法，蛋打上去，說不定還會熟。所以，我們有時候會故意避開中午的烈日，休息到兩點，然後做晚一點，這也是變通的方法。」

同梯陳說：「喔喔，我懂了。」

於是，我那天中午就休息到兩點再開始做，可是無情的太陽還是照得我們皮膚發燙，雖然我們已經習慣了這種生活，但我可不想第一天就嚇跑同梯陳，所以一直吩咐他載上斗笠防止脫水。

總算骨架全部做好了，我看到同梯陳聽到下班時的表情，好像聽到要退伍般高興。

「呵……辛苦你了！明天開始蓋板……」我向同梯陳解說著明天大概的行程。

「好了，那明天見囉。」

隔天一早就看到同梯陳已經在工廠門口等，可是我一靠近他，就聞到了一股藥味……是擦勞滅跟不知名的藥味。

我問：「你哪裡受傷了嗎？」

同梯陳笑著說：「沒有啦，昨天回去鐵腿、鐵手（橫紋肌溶解症），然後整個都曬傷……」

「真的耶……」我把同梯陳短袖的袖口往上撥，紅白分明。我對他說：「你辛苦了，這份工作真的不適合你，你媽太了解你了，所以故意激你，她為了是讓你知道錢賺來不易。去跟你媽道個歉，事情應該就可以結束了。」

同梯陳說：「我才不要哩，才做一天，會被笑死！不不不……不可能……」

我說：「好吧，你自己看著辦，不勉強。」

我心想，陳媽媽真是太高招了，但也太為難同梯陳了，到底誰輸誰贏呢？真令人期待……

我們又回到了昨天的工作地點。

我對著同梯陳說：「昨天搭好C型鋼骨架，今天要蓋板。蓋板前要先鎖水槽，由於水槽太長，你又是生手，所以我會用繩子綁住水槽，你顧著繩子，幫忙出力。重點是，如果我們失手，那你要拉好繩子，不要讓水槽掉到樓下。」

同梯陳臉色凝重的說：「好。」

我笑著說：「沒那麼嚴重啦！」

話說完，我們便開始分頭進行。我與另一位師傅爬上骨架，慢慢的往屋子前端邊緣前進。因為人必須坐在前端的鋼樑，然後抓著會扭轉的水槽，將它鎖在C型鋼上。

總算如計畫順利完成了水槽安裝。

同梯陳驚恐的問：「你們都不怕嗎？」

我想了想，說：「當然會怕，在當學徒甚至當師傅時，最怕的就是站在鐵屋邊緣焊C型鋼、鎖水槽、換水槽，或做收邊這些動作，因為一不小心，便有可能是工具或型鋼、水槽掉到樓下，更嚴重的就是人掉下去。不瞞你說，我還常常做有關這些畫面的惡夢，而且光我做這行到現在，已經不知道聽過幾個因為這樣而墜樓的案例。」

同梯陳拍了拍我的肩膀說：「昌仔……我現在才知道你的錢賺來不易，都是辛苦錢，賣命錢……」

我說：「現在還好啦，我都會像剛剛那樣綁好安全帶。而且不止人綁，東西也綁，所以

現在很少做惡夢了，呵呵……」

就這樣，同梯陳和我們又度過了一天。一樣的，我跟同梯陳解說明天要安裝的工作項目，並約好明早見。

隔天，同梯陳仍準時的在工廠等候，只是這次有所不同。看著同梯陳穿得帥氣時髦的服裝，我心裡便有數了。

我笑著說：「怎麼了？」

同梯陳支支吾吾的說：「昌仔……不好意思，直到昨天，我才真正體會到每個行業都有他辛酸的地方，你的工作我太小看它了。我媽媽說的是對的，我太好命了，總是覺得自己什麼都可以，但在你這裡，兩天我就暈了，更別說是一個月，一個星期我都有問題。謝謝你給我機會嘗試，我會珍惜我所擁有的，我昨晚回去也跟我媽媽說了你鎖水槽的狀況，我根本辦不到……我錯了，所以今天是來跟你說一聲的。」

我說：「沒關係啦！伯母用心良苦，你要懂她對你用的心，加油吧！」

於是，同梯陳心甘情願的接下了她媽媽所開設的安養中心，並且在幾年後擴大經營，還得了政府發的若干獎項。

想想，如果沒有陳媽媽的用心，恐怕結果會有所不同吧。

感動的飯糰

為了改變工廠的經營模式，我特地去製作了制服，設計了LOGO。就在穿著新制服上班，望著貨車上的新LOGO時，覺得這一切是那麼的新鮮，感覺充滿了活力，也想起了那家「細路」鐵工廠給的啟示。

對！不能再這樣蠻幹了，我們要走出自己的風格！拚快拚狠拚沒良心，我做不到。既然做不到，就要反其道而行！

正在思考時，眼前突然出現每天都會經過的早餐車。早餐車主要是賣飯糰跟豆漿、米漿之類的飲食，是住在巷尾一位阿姨每天早上推到學校附近去賣，然後大約十一點多推回來……今天怎麼會那麼早回來？

其實我跟她不認識，但早餐車阿姨看到我正看著她，便笑笑地跟我點了點頭。

啊……別誤會了，我不是要買早餐。只見阿姨朝我走了過來，有點難以啟齒的跟我說：

「少年耶……可不可以拜託你一件事?」

「什麼事?」

阿姨:「就我那台早餐車……當初是買二手的,每天這樣推啊推,很多地方都裂了,可不可以幫我焊?但是先跟我說多少錢,太貴我就不修了……」

我瞧了瞧餐車,果然經過長期的使用,很多地方都已經裂開了。心想,焊這些再補強,也要一個鐘頭吧,但看著阿姨辛苦的樣子,實在也不好意思跟她收錢。

「沒關係,阿姨,我幫你修。不用錢!沒關係的。」

阿姨聽了,雖然很開心,但當下她卻選擇了離開。

阿姨說:「下次吧……等我有錢再來找你。」

我不了解,為什麼她不修?

■

幾日後,清晨下著大雨。唉……今天又沒辦法出去施工了。望向廠門口,又看到阿姨提早收工,推著難推的推車經過。

我喊了一聲,「阿姨!」

真的也沒想到我會這麼做……我跑了過去，說：「我要買三份飯糰跟豆漿。」

可能是我看到媽媽辛苦工作的影子了，心中不捨吧。

我幫阿姨將推車推了過來。哇咧，連輪子的座位也裂了、歪了！難怪推起來那麼吃力。

我跟阿姨說：「阿姨，你很辛苦我知道，我焊這個很快，不用五分鐘就好。讓我幫你好不好？」

阿姨心裡可能想著，我有跟她買東西，到時不收錢就好，所以也爽快的答應了。

我懂，我當然懂阿姨所顧忌的心情。我笑著說：「你旁邊坐一下，很快的（其實一點都不快）。」

我們將餐車架了起來，開始了補修的動作。將歪掉的座位調正，所有該焊的都焊了，連阿姨捨不得丟的勺子也都焊了。

阿姨說：「對啊……我正猶豫要不要丟。」

我笑著說：「如果這是我家的東西，能修我當然想辦法修，不能浪費，對吧。」

阿姨點了點頭，直說：「對對對！要惜物……」

過程中，看到阿姨擔心的臉色。我笑著說：「對不起啦，師傅們技術不好，做得有點慢，你等一下要給他的飯糰就包小一點，給他加辣椒！懲罰他！」

此話一出，逗得大家哈哈笑。就這樣，在愉悅的氣氛中，總算完成了修復工作。阿姨看了看，覺得很滿意，嚴肅的問我多少錢？

我也很認真的跟阿姨說：「這小意思，剛好下雨沒事，鍛鍊一下技術，真的不用，你不要放在心上。」

阿姨聽完不發一語，忙著包著我們的飯糰。

包著包著，阿姨的眼眶紅了說：「拿去！這個最大顆給你！謝謝你。這兩顆也很大顆，給你們兩個。」

嗯，其實……我們早就吃過早餐了，但我們現場四個人心裡都知道，這飯糰裡包的是一種感謝與感動。所以，我與師傅三人對望著笑了笑，知道這可不能拒絕，所以還是把它吃進肚裡了。

這事情過後，我們跟阿姨變得很熟。後來才知道，阿姨要單獨照顧兩個小孩，只能靠賣早餐來維生，每天很早就起床準備，推著車走很長一段路。

聊天中，也知道阿姨跟我一樣，不願白白受人幫助，寧願自己苦撐。

阿姨對我說：「做生意要精打細算，如果你常這樣子，哪賺得到錢！但是……但是（阿

姨強調）你的善良、你的熱心，你一定要保持著，就像你看到我的餐車，然後修我的餐車一樣，你把客人的東西當做是自己家的，用這種精神去做，相信可以感動人的，阿姨有被你感動到喔！」

是啊，阿姨說的沒錯，一開始為了賺錢而偷工減料，連好友都得罪光了，而且後來幾次的經驗也驗證了阿姨的說法。

對，我們要改變，除了外觀（制服），作法（細路）與工廠方針也要跟著改才行！

「將心比心，嗯，我了解了，謝謝你的提醒。」

■

早餐車的阿姨，雖然後來就再也沒看到你的出現，但我相信你一定可以過得很好。你教懂我的事，我一直都放在心裡，謝謝你……真的！

黑心設計師

調整心態重新出發後，感覺上確實好很多，最起碼面對客戶時，眼神不會再閃躲，也不會再心虛。果然，這才是適合我們本性的作法。

記得在當時，朋友介紹了一位設計師跟我認識，那位設計師也很年輕，年紀與我差不多。設計師遞給我他的名片，我仔細看了一下，上頭的頭銜，除了設計師，還多了一項命理師。我好奇地問了設計師，他笑著說他有修練。

好吧，真厲害！

當他看到我們穿著制服工作時，覺得很有制度化，便不斷邀約我跟他合作。合作對我來說當然好，所以很快的，我們就約在林口工地的現場碰面。

那時林口與汐止風行蓋大量的夾層屋。所謂的夾層屋，就是建商把室內高度從一般正常的三米，拉高到四米五左右，如此，購屋的民眾就可以在二米六左右高度，用鋼材再做一層地板，這樣原本購屋坪數二十坪，就可以翻倍變成將近四十坪左右。

此時，最重要的就是新的那一層地板「夾層」，常見的工法大多是採用C型鋼，或者其他鋼材去做這夾層的骨架，很少會使用混凝土灌漿方式，因為混凝土太重了，怕樓層的牆面與結構會負荷不了。

所以，這時期的夾層，又為我們鐵工這行業多帶來了一種營業項目。

設計師跟我述說著夾層要從哪做到哪，一共有五戶。我心想，這年輕人不簡單，一次可以接到五戶，一定有他獨到地方。

量完後，回家細算過便打了電話跟設計師報價。

我說：「跟你報個價，一坪約要四千左右。」

設計師說：「不會吧，怎麼會這麼貴?別人一坪才你的一半價，二千多……你不會跟我亂算吧？」

我說：「我知道有二千多的，那是怎麼做的你知道嗎?結合處都只焊四個點，然後型鋼與型鋼的間距都抓得非常大，比如一間房子，標準要用五十支C型鋼，他大概二十支或者不到就解決了。為什麼我知道?因為我就是有那樣幹過，這樣的作法不是很好，我也不會再做，如果你要便宜的，請找別人吧。」

設計師一聽便說：「好啦好啦……算便宜點，你C型鋼少放幾支就好，包在裡頭又看不到，頭腦不要那麼死，沒人知道的。可以的話，五戶就都給你做，算三千吧，可以吧？」

我說：「哇咧，用喊的！沒人知道？我自己知道，走起來也會知道，三千根本沒辦法。抱歉，差太多了。」

設計師：「三千五，再上去就算了，我再找別人。」

我：「三千五……好吧。」心想，五戶量也算多了，就這樣吧。

於是，我們開始了合作關係。

■

在安裝時，業主們果然也都來看我們怎麼施工，一看到就嚇到。

「哇！型鋼排得好密喔，跟隔壁差好多。」

聽到業主的誇獎，我也解釋為什麼要那麼密的原因，與其他必須的條件。業主們聽了，直誇設計師不錯，而我們廠商更有良心，會再幫我們介紹客戶。

嗯，這就是早餐車阿姨說的，把客戶家當做自己家在做的道理吧。

業主走後，設計師說：「算你厲害，我在北投那邊有一座鍛造花架，也給你做吧，看什麼時候要去量。」

哇！真的，這就是用心的代價嗎？真好！

於是找了一天跟設計師去北投量了花架，也報了價。這次就很怪，設計師連殺價都沒，直接就叫我做了。嗯，應該是他信任我吧。

就這樣，我們夾層順利完成，鍛造花架也做好準備去安裝。

於是我打了電話問設計師，什麼時候要去裝。約了時間，我們就在那天前往安裝……奇怪，設計師沒來。我打了電話，設計師說他晚點才會到，叫我們先裝。喔，好吧，於是我與師傅們合力的將鍛造花架拉到五樓陽台，準備固定在女兒牆上。

正當我鑽第一個洞時，奇妙的事情發生了，大門旁新貼的小磁磚居然整塊區域龜裂了。不會吧！鑽的洞還離門那麼遠，哪有可能？嗯，不管他……繼續。

鎖了第一支，接著鑽第二個洞。此時發生的事情更妙了，剛剛新貼小磁磚的區域居然整塊掉了下來。不會吧！我功力沒那麼深，哪有可能震傷磁磚你……

我走近一看，哇哇哇嗚……原來，舊有的磁磚並沒有剔除，就直接貼上新的磁磚，也因為水泥咬不住，所以一震動就裂開掉了下來。

我與師傅直嘆太誇張了，就算如外行的我們，也知道這樣是不行的，為什麼設計師還允許水泥工這麼做，莫非是水泥工偷工減料？不行，我一定要揭發這種骯髒事，於是撥了電話給設計師。

「喂……設計師嗎？我跟你說一件很誇張的事，就是剛剛我一鑽牆就裂，然後磁磚就掉下來了……」

我話還沒說完，就聽見設計師很淡定的說：「喔……掉下來了喔，怎麼那麼快……有帶矽利康嗎？裡頭鋁窗好像有放幾瓶透明的……你用矽利康幫我將磁磚黏回去，就這樣……我晚點到。」說完即掛電話。

不——會——吧——！

我把這結果告訴師傅們，我們都覺得非常扯，而且好笑，怎麼會有人這樣做？

笑歸笑，還是得回歸現實，我們的錢還沒請到耶。好吧，也是要按照設計師的吩咐做。我們迅速的安裝好鍛造花架，接下來就要發揮我美術的天分了。師傅們將掉在地上的小磁磚，一塊一塊的撿給我，我再排列整齊的黏回去，就這樣，黏的時間比我們裝花架的時間還長。

都完成了，但設計師還是沒來。我跟師傅們繼續討論著這黑心的事，我們三人一進屋內一看，才知道什麼叫黑心！

連我們這麼外行都看得出來，木作電視櫃貼皮貼到有縫（很大），皮還翹起來；油漆……

比我刷的還醜；磁磚地板高低差，踩起來就能感覺到……天啊！這種品質，真的可以交代過去？

正在疑惑時，設計師來了。我正想跟設計師說之前狀況，他笑著先說我貼的磁磚很漂亮，看不出來。

對齁，我成了幫凶了！這樣怎麼對？

我先支開師傅，請師傅將工具收到車上。然後我問設計師：「這樣做，怎麼對得起業主，舊磁磚不是應該先剔除再貼上新的嗎？還有裡頭的木作、油漆、鋁窗等等，都不是正常的工法。」

設計師沉默不語，隨後叫我跟他到頂樓，上了頂樓，設計師說：「你看，這一區都是有錢人，我不削他們，別人也是會削他們。我看你的面相，知道你可能聽不進去，你若再堅持現在這個想法，你會賺不到錢，一輩子做工。

「這些有錢人，得了便宜還賣乖，我一坪報六萬，六萬很便宜了喔，還要跟我殺價。你說，這種人我是不是該削他們，這就是現實的社會，這樣才能賺到錢，你懂嗎？」

我聽了覺得很不可思議：「六萬？你包含家具水電全部，然後按照房子坪數去乘，一坪就六萬？你都不用抓成本直接報？」

設計師點了點頭：「是啊，照我的作法根本不會賠錢，林口那五間也是同樣的作法。」

天啊！「對不起，這種事我沒辦法，我已經經歷過，我不想再重蹈覆轍。我們合作就到此為止吧，尾款再麻煩你了。」

設計師說：「我就知道你會這樣說，拿去吧……尾款我票開好了。」

這麼厲害，料事如神？我一輩子都做工？如果是，那我也願意，這種黑心錢，坦白說我也吞不下去。再見吧，但我也不會讓你看衰的！

就這樣，幾日後在工作時，突然接到銀行的通知，說有一張票被跳了，叫我去領回來。我去一看，差點昏倒，這不是那個設計師的票嗎？

八萬……我開始急了，開始撥他的手機，沒人接，再撥他公司的電話，也是沒人接。不會吧？這人可以黑心到這種地步！

我連續撥了幾天，都沒人接，想到是某朋友介紹的，打了電話去問，才得知設計師不知哪個案子跟業主有糾紛，所以躲起來了。

果然，之前不好的預感是正確的。不行，八萬耶！此時，想到當初他給我的名片，裡頭還有一個命理館的住址，直接殺去吧！

於是我帶了師傅開貨車前往，總算到了他開的命理館。在一樓，我從落地玻璃窗的窗簾縫看了進去……沒人。正失望時，就發現他端著剛煮好的泡麵，打開電視，正準備大快朵頤。

可惡，抓到了喔！我再次撥了電話給他。嘟……設計師拿起了電話，看到是我的電話，馬上又放了回去。好可惡啊！我怒拍著玻璃，大聲的叫他出來。

設計師看到我站在外頭，發現了他，只好開了門。我一個箭步衝了過去，抓著他的衣領。說：「你應該知道你的票跳了吧？」

設計師：「放輕鬆點……不就跳票，別緊張……」

我聽了更火：「別緊張？那可是我們的辛苦錢，你不給……我不會就這樣作罷！」

設計師想了想，說：「好好好，先放開我好嗎？」

我鬆開了手。設計師說：「我再開別家銀行的票給你，即期的。我要跑也沒那麼快，放心吧。」

想想好像也是，於是又收了一張新開的票。只能再度相信他是有人性的。

幸好，新開的票有如期兌現。後來又聽到朋友說，他果真跑路去了，不是懂命理嗎？看來，黑心到連老天爺也看不下去了吧！

【鐵師傅要告訴你的事】

鐵材的上漆與附著度

鐵與空氣接觸，會因空氣的溼度產生氧化而生鏽腐蝕，所以在早期，會在鐵的表面上刷上含重金屬「鉛」（紅丹）的油漆來做防鏽。

而現在採用的是防鏽更好的「鋅」所製成的鋅粉底漆，一推出便受到大眾的喜愛。

另外，還有一種強調附著度的底漆——合金底漆。使用方法是先將鐵或不鏽鋼上個兩次合金底漆，上一次打磨一次，此時的附著度可說是相當好，接著再噴上喜愛的顏色漆就大功告成了。

而鍍鋅板跟熱鍍鋅是最頭痛的，就算是合金底漆或鋅粉底漆，附著度也會稍減，如果你走在路上，不妨觀察一下公共工程，很多脫漆的底材就是鍍鋅板或熱鍍鋅，而目前所知道的改善方式，就是將鍍鋅板稍稍打磨及熱鍍鋅採用噴砂，讓表面粗糙增加漆的附著度。

鐵材的塗裝方式

傳統所採用的方式為液體塗裝，以溶劑去稀釋調和噴漆，再經由噴槍均勻的噴塗到物件上，再經過高溫烘烤，使漆料在鐵件表面上硬化。

現在常見的有「粉體塗裝」，所謂粉體，是指塗料為百分之百的固狀成分，但塗裝時不使用有機溶劑，而採用靜電原理噴在鐵件上，再送進溫度高達攝氏二百度以上的烤箱烘烤。而噴塗時，漆會因靜電原理而自然的貼附在鐵件上，在未進烤箱烘烤前，若發現錯誤，即可用空氣噴槍輕而易舉地將漆去除，所以不易有流漆、滴漆的現象發生。

除了粉體烤漆，現在還有另一種更好的選擇，那就是氟碳烤漆，PVDF氟碳烤漆之組成，是由百分之七十的PVDF氟碳樹脂（如Kynar 500），結合百分之三十的壓克力樹脂及顏料、添加劑和溶劑所組成的熱可塑性、烘烤型氟碳烤漆。優點為耐候性更佳，可耐候二十年以上不變色，耐污性也強，不易沾染粉塵，現在是工程界的首選。

木工吳

早期的環境，設計師是少之又少，家裡要裝潢，沒人管理這些工班，先後順序不懂怎麼辦？這時就有常見的統包，一般多是工程界的領頭羊——木工或泥作。

木工吳先生是位豪爽的人，覺得我年輕有拚勁，所以大大小小的工作都會找我去，我也不會因工作小而推三阻四。而吳先生最讓我印象深刻的是，他都喜歡現場決定價格，現場發包。

有一個案場，約在某日早上，所有工班的老闆都會在場，沒到的就是放棄。然後他會一個一個跟工班老闆們說明，他要做的是哪些部分，比如我，就是採光罩、鐵門、鐵窗；水電，就室內電線全換、馬桶什麼的；泥作，則是地板全換、重新疊磚……諸如此類。交代完後，各工種的老闆就在現場找地方開始計算，所以就可以看到一些老闆蹲在那邊算數學，那是很有趣的畫面。

或許你會問，如果算錯了怎麼辦？喔，算錯……只好認了。因為算錯，就是吳先生的期待，這樣他的利潤就更大了，這就是他的遊戲規則。

所以，相信吳老闆在家應該有先抓過預算，而我們這些班底，當然也要先熟悉各材料的價格與施工的費用。

接下來更有趣了，誰先算好，就先去跟他報價，當場議價，吳先生覺得價格合適了，那你就可以先回家進行備料了。

我：「我算好了。」

吳先生：「來，鐵工你的部分多少錢？」

我：「那個加這個，總共二十五萬三千。」

吳先生：「天價！為什麼那麼貴？鐵窗一才多少？」

我：「不是……這個鐵窗我都是用〇．九足的做……要便宜就是用薄的，如果用薄的，可以算你二十四萬。」

吳先生：「好，二十三萬用〇．九的做，你可以先走了。」

我：「哦……」（都不用問我意見喔，要便宜又要好！）

現在想想，還挺有趣的。就這樣跟他配合了一段時間，直到那件事情的發生……

■

某日，又接到吳先生的通知，說在東區有個新案場頗大，希望我在什麼時候去丈量與報價。只是這次有些不同，吳先生在電話中告知，這次報價除了我的費用，另外再幫他加個五成利潤（五成利潤……天啊！），因為業主也會在場，所以希望我不要說溜嘴了……

「好吧！你怎麼說我怎麼做。」

日子到了，我便依約定到了現場。在現場看到許多熟識的老闆，也多了許多新面孔。再瞧瞧環境，原來這家店是要做酒吧的，難怪會加五成。

一樣的模式，跟我們解釋哪邊要做、怎麼做，然後一樣現場計算，現場寫報價單。

在寫時，我看到吳先生旁邊站著一位穿著光鮮時髦的小伙子，別的老闆提報價單時，他總是會問東問西的，應該就是業主吧。

算好了，我的部分四十萬，加個五成……嗯……變五十四萬。想辦法變更裡頭的數據，而且要不著痕跡，對我來說，這才是最難的，於是我在那邊修修改改，不知不覺，我竟成了最後一個報價的。

「吳先生，請你過目一下。」

吳先生假裝的說：「怎麼那麼貴……算便宜點，算便宜點。」

我：「喔，已經有便宜了……都配合那麼久了，你知道我的。」

吳先生：「那倒是真的。」

吳先生轉頭跟旁邊的年輕人說：「昌仔做事很仔細，很古意，他不會亂算。」

旁邊的年輕人說：「嗯……我看得出來。只是舅舅，這一項鍍鈦板要這麼貴喔？」

我一聽到「舅舅」，吃了一驚。自己的外甥還這麼狠……

不管他了，我連忙解釋：「鍍鈦板光買來就超貴的，施工也不容易。」

吳先生也在旁邊幫腔說：「嘿啊，你都不知道裝潢很貴的。」

此時的我，都不敢再說一句話了。

吳先生說：「五十萬，就五十萬成交，可以嗎？」

吳先生看著我與他的外甥，希望得到我們的答案。

我：「是砍得有點多……」

吳的外甥：「好，昌仔，五十萬可以嗎？拜託你了。」

我：「喔……好吧。」

離開後，我一直想著這件事。信任親人，然後被親人背叛，不知道就算了，若知道……那悔恨可是一輩子的。吳先生為什麼要這麼做？難道要發達，真的要像這樣狠下心，連親人都照砍？

正在思考這問題時，吳先生從背後追了上來。

吳先生：「怎麼走那麼慢？」

吳先生看我一臉疑惑，知道我在想什麼。

吳先生：「我外甥他是單親家庭，跟他媽媽，也就是我的妹妹相依為命。他從小一些學費跟家用，有些都是靠我資助的。他去國外學了調酒技術，開了這家酒吧，賺了很多很多錢，現在重新裝潢，我當然要從中拿一些回來……這不是重點，裡頭的鐵管用薄的就好，他這種場所常在裝潢，所以用便宜的就好，你回去再把換薄的費用算給我。」

我：「喔，好（狠）……原來是這樣。」

但是，我心裡可不是這麼想，身為哥哥、舅舅，資助妹妹、外甥也是心甘情願的事，是不求回報的，怎麼會在這節骨眼做這種事？算了，我做好我自己的本分就好。

就這樣，工程也順利的完成，吳先生也如往常一般叫我去他家拿貨款。

在當時，是連拿訂金也沒有的事，純靠「信任」兩個字。我拿著那天開的報價單給吳先生看。

吳生生：「好，等一下。」

便請吳太太進房間拿要給我的貨款，吳太太拿了一個牛皮紙袋出來，袋子裡頭裝滿一千元疊的紙鈔。

吳先生：「你點點看。」

我：「好。一、二、三、四……三三八？怎只有三十三萬八千？」

吳先生：「疑？不會吧……你再點一下？」

吳先生叫吳太太再點一次，果然是三十三萬八千。

吳先生：「再去拿兩張出來給昌仔。」

我說：「再兩張也不對啊，不是應該三十八萬的嗎？那天在你外甥面前，你殺四萬，我晚上有跟你說要算你的，最後是總價三十八萬成交的，你同意的。」

吳先生：「是沒錯，可是最後我在收錢時，我外甥也跟我做了一次砍價動作。所以，只好各工班吸收……」

我：「看不出來你外甥會這樣做……」

在當下，每個人都心知肚明，這四萬擺明是被吳先生拗的，少的二千也是故意抽掉的，因為十萬一疊都有紙條綑綁住，如果沒數便離開現場，那二千也飛了。

這世界怎麼那麼骯髒！我再也不相信吳先生說的話了。我失望的離開他的住所，心裡的打算是，下次做吳先生的，再也不給他折扣了。

結果也因此越離越遠，再也不相互往來了。

幾年後，吳先生的外甥打了電話給我：「昌仔，我現在又要重新裝潢了。」

我心想，你不會又找你舅舅吧？

我說：「怎麼了？」

吳先生的外甥：「上次裝潢，你鐵板的部分我花很多錢，那些鐵板應該可以回收，賣不錯的價格吧？」

我說：「只能賣廢鐵價吧，你可以問你舅舅，他知道。」

吳先生的外甥：「喔……我沒再找他了，上次……他太狠了！他從工班裡頭抽佣我能理解，但是他太狠了，現在我們已經斷絕關係了……昌仔，我知道你應該也是跟大家一樣的做法提高了價格，但我不怪你，我喜歡你做事的態度，這次裝潢你能來幫我嗎？」

我說：「對不起……就算我想，我也不能去幫你，畢竟我是透過吳先生才認識你的，如果我去做你的案場，讓吳先生知道，我就慘了。這是商場的潛規則，還請你原諒。」

吳先生的外甥：「我懂……好吧。」

從這件事，我更加肯定了一句話：「若要人不知，除非己莫為。」

所以，我在面對親朋好友鄰居時，都會先告知，請用比價方式，而且我會明白的告知對方：「我會賺你的錢。但是，請相信我，我開的價格會比開給別人的便宜，如果你同意再來找我。畢竟，我不希望因為這些小錢，而壞了我們的友誼。」

【鐵師傅要告訴你的事】

廠方報價，業主必須注意的事

在還沒網路的加持時，往往我的報價單在第一輪就被刷下來了。因為人們總是注意在總金額上，而不管裡頭的用料與做工。所以在當時，我的報價單裡總是寫得密密麻麻，深怕業主不了解裡頭的差異性。

比如鐵，鋪蓋用的烤漆浪板，用料 0.6mm，我一定會註明是足厚 0.52mm（號稱 0.6mm）。因為在台灣有個怪現象，標 0.6mm 拿來的卻是 0.52mm，而且一樣可以開證明給你；號稱 0.5mm 拿來的卻是 0.42mm。好笑吧！

然後品牌價格也差異頗大，同樣的東西，不同品牌，除了價格差異，使用年限也差距非常大。不懂的業主，以為他買到了便宜又大碗的東西，但其實他被賺得更多。

開店賺錢是應該的，但應該取之有道，不應該有任何欺騙才對。

這是用料的部分，至於做工，我常鼓勵業主們多多了解廠商是如何施工，如果有網站、照片，或以前有現場案例，可以先過目那是最好的。

看看廠商以前的作品，就知道廠商做出來的東西是不是自己想要的，所以多做些功課準沒錯。

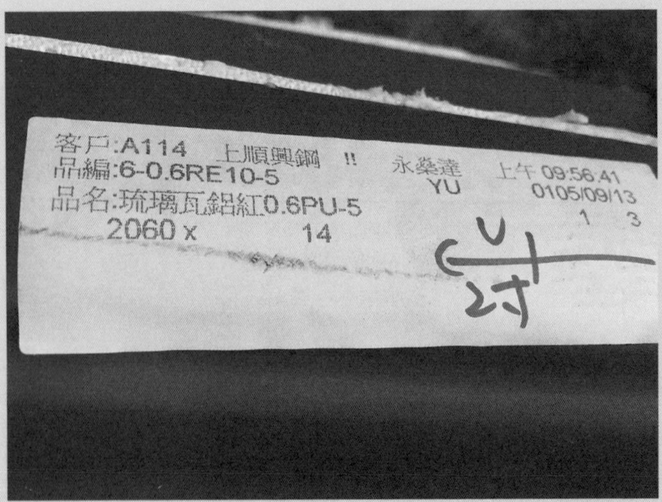

一樣的板材，卻難以區分品牌及厚度，常被業者魚目混珠。所以，選擇信用可靠值得依賴的廠商是必要的。

設計公司與新想法

自從改變觀念與作法後，果然路越走越穩，常常客人幫我們介紹的台詞是這樣的：「你要找昌仔做啦，價格合理。重點是，他們很細心，不會偷工減料。」

當聽到這些話時，再辛苦也覺得值得了。

某次，在做完一個設計師的案場後，我們習慣的將案場整理乾淨，然後把作品擦一擦。這只是一個小動作，但在設計師的眼裡卻是很貼心、而且有責任的動作。

設計師說：「很多工班做完，就拍拍屁股走人，最後都是我自己留下來清理，不像你，還會幫忙整理，甚至把自己的垃圾帶走。」

我笑著說：「這是應該的啊，我做很多住家的案子，做完也都幫業主家做清潔，這是應該的，也習慣了。」

設計師說：「好觀念！你值得我為你介紹。我幫你介紹給我朋友，他也是同行，而且規模很大，光底下設計師就六、七位。」

我說：「哇！是喔。真的很謝謝你，如果能成，我一定會好好的把握，不會丟你的臉。」

果然，沒多久就接到設計公司張老闆的電話，叫我去他公司面談。

面談中，得知設計公司張老闆很愛用鐵件，不管是營業場所，還是一般住家。這在當時可說是少數。會愛用鐵件，是因為設計公司張老闆常看國外裝潢雜誌，也為此出國考察過。所以，張老闆希望把國外那套拿回國內來運用。

張老闆：「小曾（昌仔的姓），你對這採光罩有什麼想法？」

我說：「就方管組成骨架，間隔距離有一定標準，太大太小都不適宜……」

我正要往下說時，張老闆阻斷我的說話：「不！我知道你很專業，有下功夫。但是我要問的是在外觀上……台灣做的東西都一成不變，採光罩不一定是由方管構建而成，也可能是由圓管、角鐵、扁鐵各種鐵材去組裝而成（張老闆在解說時，順手畫了一張草圖），你看這張圖……是不是與眾不同？」

我一看，頓時起了雞皮疙瘩。真的，原來鐵變化的程度超乎我的想像。

張老闆笑著說：「我呢，負責天馬行空，你呢，負責幫我的夢想實現，這樣好嗎？」

這對我來說，可是另一個新世界了，我怎麼可能搖頭說不好。我連點了好幾下的頭，說：「謝謝張老闆給我參與的機會。」

於是，一連串的驚喜就此開始了。我們不只在住家裝潢案件裡注入鐵件的生命，更在各大百貨公司放置屬於我們的作品。而我，也因此大開了眼界，更加把技術提升到我想要的階段。

回想當初看到那家細路鐵工廠，我一直覺得遙不可及，如今總算有機會追上來了。

有時，張老闆會故意放手讓我去畫、去想、去製作，這對我來說，更是千載難逢的機會，所以在張老闆身上，我真的學習到不少東西。

有一次，張老闆要我在主人房的女主人化妝鏡上做一個與木櫃結合的旋轉鏡，主體是木作箱體，正面是玻璃鏡子，背面是置物櫃，然後靠著中間二・五公分圓管不鏽鋼柱，可以依需要旋轉，但不鏽鋼管不穿過木作箱體。關鍵就是這不鏽鋼柱，裡頭要暗藏玄機，轉動要滑順，還要走電線，而且最重要的是不能晃。

這可是難題了，張老闆說相信我絕對可以辦到。好吧，那我就只好試試了。

在工廠裡，我不斷的嘗試，回家後也不斷的想，隔天遇到張老闆時，他問我：「研究出來了嗎？」

我想了想，說：「好像不太可能耶，那麼細的管子，要做那麼多動作……真的很困難。」

張老闆聽了有點生氣地說：**「很多事是需要一試再試，不斷的試，一下就放棄，這對嗎？沒盡力怎麼知道自己做不到？」**

我聽了，不敢吭一聲。想想張老闆的話，真的也是沒有說錯，我才試幾次就要放棄，對我來說，也不符合我的原則啊。嗯，再動動腦吧。於是我又利用空檔的時間去研究，將工廠不要的木板及廢料拿來模擬。這不對……改用這個可能會比較好……耶！成功了！

我高興的將結果告訴了張老闆。張老闆說：「你看，對不對？只要用心就辦得到。」

「嗯！」當下的我，得到張老闆的誇獎，真是比什麼都還要高興。

後來沒多久，某設計師開始找我製作旋轉電視架，在當時，旋轉電視架可是非常酷的東西，沒什麼人做。就那麼剛好，我把旋轉化妝鏡的原理，套用在旋轉電視架上，果然獲得好評。接著我們還研究出各種如頂天立地式、偏心式、升降、搖控……

■

就這樣，配合了一陣子，直到一件事情的發生。

張老闆叫我幫他旗下一位劉設計師處理一件住家的案場，這位劉設計師是從別的公司轉來的，剛入公司沒多久，但張老闆覺得他夠聰明，是可以栽培的，所以就將新的案場交給他負責。

我跟劉設計師約了到新案場，看看哪些東西是需要配合的。其中屋子旁的陽台上方採光罩因年久失修，原有的C型鋼也有點鏽蝕了。

我問：「要全換新的嗎？」

劉設計師想了想說：「不用，到時候會整個做天花板起來，看不到。你只要在上面用鐵皮直接幫我覆蓋就行了。」

我說：「可是原有的PC板不拆，這樣好嗎？骨架也差不多了。」

劉設計師：「嗯，有預算的問題，你就照我說的做吧。」

好吧，你說了算。接下來，是往地下室新鐵樓梯的作法，因為長度比較長，所以我建議側板採用九釐米的來製作，圖標六釐米是不對的。

劉設計師：「需要用到九釐米嗎？我以前配合的鐵工用六釐米就夠用。用六釐米的應該會比較便宜吧。」

我說：「價格差一點而已……」

我還沒說完，設計師就搶著說：「能便宜就便宜。」

當下，我的直覺應該是，劉設計師想用最便宜的成本獲取最大的利潤，以獲利成績來向老闆表現，應該是這樣吧。

然後，接下來所有丈量的東西，劉設計師都希望以最簡單的方式去做。

我說：「可是，這跟以往張老闆的風格不同。」

劉設計師說：「我跟老闆討論過了，他會支持我的決定的。」

於是，後續所有的工程我都按照劉設計師所說的去施工，結果問題來了。某日在施工時，業主看著我們剛蓋好的陽台上方的鐵皮，當時木工正在施作天花板。

業主問我：「骨架有換嗎？」

我說：「沒耶。」

業主說：「不是已經爛了嗎？為什麼沒換？我有跟張老闆強調這點啊！」

我說：「這你要問劉設計師。」

結果，劉設計師將問題推給了我，說有跟鐵工說，可能我忙忘記了，他會處理。我聽到當場傻眼，怎麼這樣子？

劉設計師偷偷跟我使了一個眼色，意思叫我跟他配合。好吧，黑鍋就由我來背吧。

結果結果，新蓋的鐵皮全拆了下來，再重做了一次，劉設計師也答應會讓我做追加。心想，事情應該就這樣結束了，但事情發展往往出乎意料……

業主換去檢視樓梯，又把我叫了去，我知道事情不妙了。

業主很凶的問：「這是你的標準？」

我回業主：「我照圖施工的，圖你之前沒看過嗎？」

業主說：「我是有看過……但是，我不知道做出來會這樣有點晃。劉設計師！劉設計師……（業主不斷的呼喊著劉設計師）」

劉設計師：「怎麼了？」

業主說：「你走看看，就是有點晃，這是正常的嗎？」

鐵工冷知識

沖床：是利用巨大的壓力讓金屬形變，使其沖壓後成為各種所需要零組件的機器。它的功能包括沖壓、成形、深拉及鍛造金屬，一般會配合模具使用，是生產機械零件的重要設備。

劉設計師說：「還好吧，鐵梯就是這樣。」

才怪咧，都是你不聽我的，還敢說。

業主說：「有辦法再補強嗎？」

我說：「有，在側板旁邊再加做鐵件就行。」

結果，樓梯又得再補強。同樣的，劉設計師也答應了讓我做追加。

到了月初，我問劉設計師：「我們的貨款三十萬下來了嗎？」

劉設計師驚訝的回：「我忘記送了耶。」

不會吧，這不是那天就拜託你的事。劉設計師不斷的跟我道歉。

「好啦好啦。」不好行嗎？

於是這個月的貨款三十萬沒拿到半毛錢，但工程尚未結束，還持續的進行著。修修改改不斷，很快的，又到了請款的時候。

我問劉設計師：「這個月貨款二十五萬加上上期的三十萬，應該下來了吧？」

劉設計師吱吱喳喳的說：「送上去了，但還沒下來。」

我說：「不會吧，張老闆付款一向守約的，哪有可能？好吧，我再等幾天。」

過了幾天，我又撥了電話給劉設計師。

劉設計師說：「我老闆請你直接來公司。」

結果我一到公司，就見到張老闆生氣的坐在會議桌主席位置。

張老闆請我坐到旁邊，說：「小曾，就你跟劉設計師合作的案子出現了變化。」

我：「怎麼了？」

張老闆：「因為之前太多修修改改，我問了業主什麼原因，業主說是我們偷工減料。我們後來吵得不可開交，業主說要告我們，現在第二期貨款也拿不到。」

我：「怎會這樣？然後呢？」

張老闆：「這一切，劉設計師脫離不了關係，我請他在這裡跟你道歉。」

我：「這不是重點，我的貨款五十五萬比較重要。」

張老闆轉身拿了一本支票，放在他的面前說：「是這樣的……我必須跟你達成一個協議，如果你答應，我就先開十萬的現金票給你。」

我：「什麼協議？」

張老闆：「就是你帶師傅去業主家，你做什麼東西你就拆了，我就給你那東西的錢，比如你不是做了鐵門，鐵門五萬，你拆回來我就給你五萬。」

我：「哪有這種事，萬一業主告我侵入民宅、偷竊……我們不是吃不完兜著走？」

張老闆：「你可以選擇不要，那你一毛錢都拿不到。我可以開五十五萬現金票給你，但我保證一定跳票。因為那場我拿不到錢，我公司也準備放給他倒，我再重開就好。」

張老闆你……這是我認識的你嗎？你處理事情怎會是這樣處理的？當下，我沒得選擇，如果答應了，最起碼還有十萬可以拿。

想了許久，我答應了：「好吧。」

張老闆聽到我答應了，馬上開了一張即期票給我，並解釋，他這樣做是逼不得已的。但是這些話我根本聽不進去，賺錢你們要賺，賠錢卻要工班賠，這根本不是理由。於是我拿了票馬上走出設計公司。

當下，我真的好無助，我不知道可以找誰幫助我？我想到介紹張老闆的設計師，我跟他講了剛剛的狀況，設計師也替我抱不平，說他會打電話去罵他朋友。

但是，你罵他沒有用啊，我還有四十五萬沒拿回來，都白做了，連料錢都不夠。

正在腦筋一片空白時，我想到我做指標的姨丈。我的姨丈不是你想的黑社會分子，相反的，他是正正當當的生意人，只因為他做生意很久了，經驗豐富，能言善道，一定有辦法幫我解決的。

於是，我鼓起勇氣撥了電話給姨丈，並跟他講了遭遇的狀況。

姨丈說：「這太扯了，明天來找我，我跟你一起去跟他理論。」

隔天，我反而擔心會牽連到姨丈。

我說：「這樣直接去好嗎？我已經答應他的協議了。」

姨丈說：「別擔心了，讓我來處理。」

就這樣，兩人來到了設計公司門口。我鼓起勇氣按了電鈴，說要找張老闆。

張老闆一出來，看到我帶人來，臉已經垮了下來說：「不是說好了嗎？」

「我……」

姨丈馬上搭話：「這是你做生意的方式？賺錢你要賺，賠錢卻要工班賠？我是他姨丈，我看不過你的作法，所以來請教請教。」

張老闆：「我們到會議室說。」

就這樣，公司燃起了火藥味。

張老闆：「你知道小曾已經答應我的協議了嗎？他現在是怎樣，反悔？這傳出去，大家會說他是不守約定的人喔。」

姨丈笑著說：「你真的希望這件事傳出去嗎？不守約定的人是誰？小曾在當下他不妥協能怎麼辦？你不要這樣欺負一個古意的年輕人。如果今天是他東西做得不好，害你公司被扣款，那我這個做姨丈的不但不會幫他，還會罵他，但請問一下，現在貴公司與業主的事是因為他的關係嗎？若不是，那你有理由扣他款嗎？」

張老闆聽了頓時應不出話來。生氣的說：「劉設計師，這都是你惹起的，你去跪在小曾面前跟他道歉。」

姨丈聽了笑著說：「跪是不用，知錯就好，錢付一付比較實在。」

張老闆聽完，生氣的又去拿支票簿丟在我面前說：「小曾，你說話不算話！算了，朋友到此為止，缺多少你就自己填吧。」

姨丈在我旁邊說：「看缺多少，填，不用客氣。」

當下，我真的也沒預料事情會演變至此。我將支票本推回到張老闆面前，說：「張老闆，謝謝你這陣子的照顧與指導，你昨天的提議我真的沒辦法接受，但我又沒得選擇，今天的結果不是我願意的。錢，我當然要，尾款還有四十五萬，我跟你收三十五萬，不要讓我虧錢就好。」

當我這麼說時，姨丈跟張老闆都嚇了一跳。姨丈心裡想，你怎麼那麼傻！問我：「你確定要這樣做嗎？」我點了點頭。

張老闆嘴角勾出一抹奸笑，可能心想著：算你識趣！

於是，張老闆很快的拿起筆開了一張三十五萬的即期票給我，隨後轉身走回他的辦公室。看著他的轉身，我知道這一切都結束了。

我跟姨丈走出了公司大門，姨丈拍著我的肩膀說：「你少收十萬我不能說你錯，你太善良了，但是做生意不能這樣。」

嗯，在這次的經驗裡，我學到了許多。有些事是需要堅持的，有些事是需要先前告知清楚的。而姨丈溫文儒雅的談吐，據理力爭的言詞，也是我要學習的。

天啊，我需要修業的功課還有很多啊！

過了N年後，常在報章雜誌網站上看到張老闆的消息，他的生意越做越大，已經橫跨兩岸。這時，我又想起了厚黑學，是不是心要黑一點才會賺大錢呢？

剝蒜頭

鐵工的接案狀態往往是不穩定的，除非是跟營造廠或設計公司配合，否則想要有穩定的工作量，很難。

就如前面的例子，我與設計公司的合作結束後，就不得不到處再去尋找可以取代的客戶。於是我上網查詢設計公司，並在上頭留言毛遂自薦。心想，總會有機會吧，但事實剛好相反，幾天過後，連一封回信也沒有。該怎麼辦呢？

畢竟當時的我剛出來做沒多久，要靠客戶的口碑來介紹，恐怕還需要一段時間。正煩惱時，接到了一位客戶的電話，說他的好友要做採光罩，要請我過去幫他評估。

這真的是天大的好消息！因為已經月底了，而我們這個月工作天數才做了六天……六天……好慘，這是要怎維持生活？所以這真的是個好消息，一定要好好把握！

之後，約了業主做現場丈量。我一到現場，看到了一位與我年齡差不多的年輕男子，原來就是業主。他剛買了舊公寓的一樓，準備將前陽台用採光罩的作法加蓋起來。

談論中，得知業主會買這舊公寓一樓的原因，是想將地板打通，這樣就多了地下室可以使用。

我聽了便說：「是沒錯，可是近幾年大家的居住意識抬頭，已經不像以前，買五樓，樓頂就可以加蓋算五樓的，買一樓，地下室也不見得是一樓專屬的，要小心……」

業主笑著說大家都這樣做，為什麼他不行？他會小心的。他會找白天大家上班時先挖開地板，然後出入門都緊鎖，不要讓其他人進入……

「喔……我知道了。」心想，我已經有告知了。

沒多久，業主確認了我報價的金額，請我做樓梯與採光罩。但是，為了其他工種施工方便，便要求我樓梯先做。

某一天，正當水泥工將地板敲開，而我們在施作樓梯時，二樓的住戶從公共樓梯走了下來，生氣的責問是誰允許我們這樣做的？這地下室一到四樓都有權利使用，除了五樓已經霸佔了天台，所以他沒權力。

我請業主趕了過來，在一番爭吵下，業主與鄰居達成了協議，就是業主只能佔用地下室的一半。為什麼？因為那天四樓沒來，所以四樓的權利自動喪失。

嗯……這真的有點扯！

事情以為這樣就結束了，但並沒有，在爭吵地下室使用權時，二樓女屋主與業主吵得最凶，而她已經清清楚楚記下了我的臉……（關我什麼事啊！）

她開始嫌工班施工過於大聲，周遭環境沒掃……慘了，我樓梯與扶手欄杆都快做好了，接下來就是陽台的採光罩，而這工程是會跟她有衝突的。所以下班時，我與業主再次確認採光罩的高度。

業主說：「越高越好。」

我說：「不行，建議你不要越界，以二樓樓地板十二公分來說，上面六公分是屬於二樓的，下面六公分才是屬於你的。」

業主：「你看看隔壁，都做很高……哪有什麼界線？照隔壁的高度做就好。」

我：「不好吧。」

業主：「你就照做吧，有問題我處理。」

於是隔天我們進行了採光罩施工，正要喬與隔壁同樣的高度時，二樓女屋主走了出來。她看了看，很生氣的說：「你們這些人是怎回事？我跟你們說，我老公是警官，這些基本權利我們都知道，你已經越界了！鐵工先生……」

我緊張的說：「對不起，對不起，我馬上改。我打個電話跟業主說一下……」

嘟嘟……嘟……「喂，業主嗎？樓上太太很生氣，說我們越界了，要怎麼處理？你要過來一趟嗎？」

業主：「喔……好吧，你就照之前你建議的做吧，我要明天才會去……」

這不是耍我嗎？好吧，出錢的人最大，於是我跟二樓的女屋主說我會改訂在界線內，還請她不要生氣了。

二樓女屋主沒聽我解釋完，轉身就走。

接著，我們開始按照計畫施工，過程非常順利，還以為事情就此結束，要脫離怨恨的苦海了。其實不然，好戲在後頭。我們骨架做好後，開始要鋪蓋PC板時，二樓女屋主出來了。

不會吧！我一看，她手上端了一個直徑四十公分、高度三十公分的紅色籃子，裡頭裝了滿滿的蒜頭……她要做什麼呢？真叫人匪夷所思。但不用多久，答案就公佈了。

鐵工冷知識

螺栓強度：就施工人員來說，螺栓的種類認識很重要，各種螺栓皆有它的功能與強度，如水泥釘施工快速，膨脹螺絲荷重高、強度夠，而化學螺栓不靠膨脹力錨固，安裝後能迅速與混凝土黏結，具有相當高的承載力。

二樓女屋主把裝滿蒜頭的籃子放在鐵窗上，開始剝起蒜頭來，而蒜頭的皮呢？此時有如秋天的楓葉，一片一片，飄啊飄……飄在我剛蓋好的PC板上。

好吧，我忍，就讓你發洩吧，我繼續我的蓋板之路。

此時我發現，我的寒冬來了。因為無意間，去對上了二樓女屋主的眼神，殺——！真的叫人不寒而慄……

真是糟糕的一天，我蓋到哪，她就跟到哪。我該繼續忍嗎？我生氣到手在顫抖，心裡想著，你有需要這樣糟蹋我嗎？

就這樣，PC板蓋完了，接下來的工作是施打矽利康防水膠。放眼望去，整個屋頂都是蒜頭皮，瞧向她手中的籃子，還有一半蒜頭未剝……天啊，我該怎麼辦？

我鼓起了勇氣，跟二樓女屋主說：「對不起，我真的不知道哪裡去得罪了你，如果可以，請讓我完成手上的工作，別再為難我了。」

二樓女屋主說：「你們這些人都明知故犯，得寸進尺。」

我聽了說：「真冤枉，我們是拿錢辦事的，該建議的我都有做，請你相信我，別再為難我了。」

二樓女屋主看我苦苦的要求，總算軟化的說：「好吧，跟你業主說，叫他別太過份了！」

看著女屋主轉身回屋子裡，當下我真的是鬆了一口氣。此時，也不禁為自己感到委屈，剝蒜頭，剝到整個都是蒜頭皮屑，難道我們做工的，就得受這種委屈嗎？為什麼她不直接針對業主呢？是我太溫馴了嗎？

總算完成了，回到家之後，我將這件事告訴了媽媽。

媽媽笑著說：「你想想最後的結果，是不是和平收場了？這代表你處理的方法是沒錯的。當然還有其他處理方法，但不見得都適合你，結果也不見得會比現在好。將自己內心的想法真誠的告訴對方，這是屬於你的方法，不是挺好的嗎？」

我聽完後，所有的委屈瞬間不見了！

對，我用了最和平的方式解決了這件事。有時候，不見得說話大聲就可以處理事情，現今的社會已養成這種風氣，開車稍為碰撞一下，就下車來看誰比較大聲，誰比較狠。或許大家該思考看看，讓這樣的風氣再延續下去，對下一代會比較好嗎？

砸窗——做一個稱職的老闆吧！

習慣商場上的爾虞我詐，也逐漸懂得怎樣為自己、為公司爭取最大利益，在薄利與休息二者之間，我與一般人的選擇一樣，寧願選擇薄利，也不願意讓工廠的師傅與自己休息沒事做。

在某次工作中認識了某家設計公司，公司的王老闆很欣賞我們的手藝與工作態度，所以這家公司老闆很積極的要求我們與他合作。

有工作，我當然很樂意，但其中附帶的條件就不是那麼理想了。設計公司的王老闆說：「要把我當金礦挖啊，但不能一次貪心就挖完，要一點一點慢慢地挖……」意思就是不能算他太貴，要算他便宜的價格，這樣，他這邊就會有做不完的工作。對我來說，多一個衣食父母當然很好，於是就跟他展開了合作計畫。

王老闆主打商場空間設計，所以百貨公司及賣場我們都接觸得到，而這些對我們來說，更是一種新的環境與接觸。百貨公司的工程，必須等到晚上歇業後才能進去施工，而施工的時間，就是晚上到隔天凌晨。

偶爾幾次，我跟師傅們都覺得還可以，但那陣子幾乎是常常日夜顛倒，白天要趕其他業主的工作，晚上還要熬夜，所以師傅們已經開始有點抱怨了。

好吧，既然我們不適合這種生態，就拒絕吧。

我跟王老闆提了這件事，王老闆聽了搖著頭說：「不能輕鬆的你們拿去做，辛苦的留給別人，這樣說不過去。」

聽到這話，態度堅決的我說：「沒關係，王老闆你決定。但我真的是沒辦法，師傅們不喜歡熬夜，我只能尊重他們的選擇。」

王老闆：「好吧，我再想想……」

就這樣，那天讓王老闆不是很高興。

幾天後，王老闆旗下的設計師打電話給我，說有個新案子要我去看。師傅們聽到我與設計師的對話，知道是王老闆公司的案子，所以一直揮手暗示我叫我拒絕。

我電話掛掉後，師傅們說：「王老闆公司對不對?不要接，每次都那麼趕，又囉嗦、又要晚班。晚班就算了，白天也要幫他趕，當我們是鐵人啊！」

我說：「我已經拒絕晚班的工作了，現在打來的是正常的白天班。」

師傅：「我才不相信他咧，你不要接，你接了，趕的話我可不幫你。」

我說：「你會不會太好命了……這麼挑？反正我會看，違反原則的就不接好不好？」

幾天後約看了現場，要施作的是一間婚紗店，時間上有點趕，但都是正常時間，而且在住宅區裡，所以也不能做夜班。於是我答應了設計師，承接了此工作。

師傅聽到我接了王老闆的工作，邊工作邊嚷嚷：「叫你不要接你又接，有那麼缺錢嗎？」

聽到此話，原本要發飆的我忍了下來，畢竟師傅們跟我也一起撐了好幾年。我試著安慰他們，告訴師傅們，在現況，我們並沒有選擇的餘地，大家就忍忍吧。

就這樣，我們開始進行了王老闆的婚紗店工作，一直都還滿順利的，直到星期六下班時……設計師跑來，當著我們的面說，明天招牌鐵架要裝起來，此時天空正飄著毛毛雨。

我說：「明天星期日耶，而且會下雨。」

設計師說：「我知道，但沒辦法，上頭交代了。」

師傅說：「一定就是王老闆啦，誰不知道，只有他會幹這種事。」

我對著設計師說：「好啦，不為難你，明天看天氣再說。」

於是我與師傅三人坐上了貨車準備回工廠。當然，路上師傅不斷的指責著我與王老闆。沒辦法，我愛錢，我需要錢，沒錢生活都是問題，隨你唸吧。

隔天早上，還未出門時，我再次與設計師確認行程是否如期。結果一如所料，我們三人無奈的載著招牌鐵架，在雨中，前往基隆路。

這時師傅的脾氣更大了：「神經病！雨天裝什麼招牌？」

我說：「我知道，我們人到就好，這種雨我也不會裝。」

結果到目的地時，雨勢超大，設計師也同意我們撤退。回程中，師傅繼續的漫罵與嘲笑。但我再也忍不住了：「閉嘴，我是沒付你工資嗎？我有我的考量，有讓你淋到雨嗎……」

講了這幾句後，我就後悔了，因為這會傷了我們之間的友誼。

隨著工程進入尾聲，交件的迫切感越來越重，我盤算之後，心裡知道，如果晚上沒加點班，恐怕會開天窗。於是我開了口：「今天晚上加班好不好？加到九點就好，不然會做不完。」

師傅笑著說：「你自己愛接，自己想辦法，當初我可是有先告訴你喔。」

我說：「……好……那你呢？」我問另一位師傅。

另一位師傅：「我晚上有事。」

好好好，我自己加。求人不如求己。

第一天，我自己加班到晚上十點，沒人幫我。

第二天，我自己加班到晚上十二點，還是沒人幫我。

第三天，我自己下班後再加班做到隔天早上七點，然後再去林口等加工廠八點開門，載貨回來，再載師傅去安裝。

是我咎由自取嗎？明知道很趕，卻沒人幫我。好吧，是我做人失敗。

第四天，因為幫王老闆趕婚紗這場，之前接的鐵窗也快到了安裝日……

我忍不住再問：「這鐵窗不是王老闆的案子吧，可以幫忙加班嗎？」

師傅：「那是你累積的結果……算了，我不說了，沒辦法幫你，我腳在痛。」

另一位師傅裝做沒聽到，準備騎摩托車走人。

我試著喊住他：「喂！喂——（大喊）」

當下沒人理我，各走各的。眼見他們要走出工廠大門了，我再也按捺不住，發瘋似的拿起鐵椅開始砸，瘋狂的砸，把那一股憤怒朝向今天做好的鐵窗直宣洩……

師傅們站在門口傻住了。

我說：「都給我滾，什麼兄弟，我呸！滾，都給我滾……」

事後證明，我這樣做是很傻的，因為我砸鐵窗，他們還是照走，然後隔天來幫你修復鐵窗，我還要多付他們這些衍生出來的工資。

我是白癡！的確，你說為什麼我不開除他們？因為，我是重感情的白癡！

後來我也學乖了，我決定當一位稱職的老闆，而不是兄弟。這有什麼差別？稱職的老闆應當是有功必賞，有罪必罰；而兄弟呢？整天稱兄道弟，太過熟稔不把你當一回事，你的號令一出，打個對折再對折，因為他知道做為兄弟的你，是不會跟他計較的，做錯了他也知道你是不會對他怎樣。上下不分真的是毫無制度可言。

所以囉，朝稱職的老闆前進吧！

三八兄弟

生意逐漸穩定後，發覺我們缺的是人手，於是登了報紙徵人。但是，過了幾個月，還是找不到人。

有一天，去以前老闆阿生那邊閒聊，才知道阿生現在已經不再請人了，他現在採取的模式是雇請「傭兵」。

「傭兵？」我發出疑問。

阿生說對，外頭其實有一群流浪在外的鐵工職人，他們愛好自由，不想被限制在某位老闆底下工作，技術上也相當不錯。這樣一來，他就不用再請固定的員工，有工作需要人的時候，打電話給他們就行了。

聽起來好像真的不錯，於是我請阿生也幫我調了一位。隔天，果然來了一位名叫阿峰的成熟男人，年紀比我大幾歲。我們人員到齊後，馬上趕赴工地，進行當天的鐵皮屋工程。

我暗中觀察阿峰的動作，果然相當熟練，快速準確，這讓我們的工程進度比預期提早了很多。

於是，雇請「傭兵」也成了我經營的另一種模式。

■

阿峰跟我們配合久了，就像是自己人一樣，無話不談。他說早期他是在五金行當送貨司機，而五金行有賣烤漆鐵板，他進而認識了專門在做烤漆鐵板的工人，最後捨棄了送貨司機的身分，改當現在的職業蓋板工。原因無它，只因為錢比較多一點。

阿峰又說，他現在就像妓女一樣，招之即來，揮之即去，再辛苦、再難做、再危險的工作，為了養家餬口，他也會忍著。別的老闆怎麼消遣他、辱罵他，他都無所謂。為了錢，他也不會去多想，誰叫他書讀得不高，沒得選又一腳跳進這個世界，只好認命做到現在。

我欣賞阿峰對家庭與工作負責的態度，於是邀他成為我們的夥伴。阿峰聽了也很高興，因為不需要再流浪了，也不需要老是被物盡其用了。

對我來說，有這麼一位技術純熟、個性又風趣的老大哥加入，在工作上真的是很有幫助。

■

某日，我在電視新聞報導上，又看同行墜落的新聞。天啊！怎麼又發生了？難道我們的命就是如此的卑微嗎？不，不應該如此的！

回想以前種種，真的沒有人會去注意工安的問題。記得有一次，我跟阿生去做十二樓的鐵窗，要打窗頂的矽利康，叫我在毫無防護措施下就這樣爬了出去，站在鐵窗外頭由左移動到右，我一隻手勾住鐵窗，一隻手拿著矽利康槍開始施打，而阿生就負責更換矽利康膠，與拉著我的褲頭……

我說：「你拉我褲頭做什麼？」

阿生說：「這樣拉住比較安全啊。」

聽起來很有道理，但今天看到這新聞，我已經不這麼想了。

不能再這樣子了，身為老闆的我必須做點事。我必須考慮員工的安全，我必須對員工的家屬負責，我也必須給業主們一個保證。於是，我跑去買了幾條安全繩，希望在工作時每個人都能繫上，以確保安全。

安全繩買回來後，我吩咐每個人上屋頂時一定都要繫上，不管樓高，一定要繫！

師傅們聽了笑說：「我再看看誰會繫，綁手綁腳的，速度會慢很多。」

此時阿峰說：「命運天注定，無須太多顧慮，做了這行我早已認了。」

我聽了一時也不知道該怎反駁，真的是這樣嗎？

沒多久，我們鐵皮屋的案子又來了。我要求所有人繫了才能上去，我苦口婆心的說：「我們要對所有人負責，不能讓家人擔心我們，請繫了再上。」

話說完卻不見阿峰一人，原來他一馬當先，已經上屋頂做拆板動作了。

我上去有點生氣的對他說：「你下去吧，下去掃掃地做什麼都沒關係，沒繫安全繩就不准上來。」

阿峰無奈的對我說起生死有命、富貴在天的道理，希望我不要管那麼多。

我說：「或許你說的對，但何必這樣對待自己呢？我們的工作日曬雨淋，從沒抱怨一句，為的是給家人一個溫暖的家，倘若一個疏忽有個閃失，這就是你要給家人的嗎？我想不是吧，無論如何，也請善待自己，賺這一點錢，何必拿命來賭？

「你在下面好好想想，我知道你在這行做很久了，對自己很有把握。但是，今天我沒要

鐵工冷知識

噴砂：噴砂（珠擊法）是針對素材表面進行的一種破壞性加工方式，利用細小的研磨砂材顆粒對素材表面衝擊，讓表面產生像顆粒化般的凹陷，使之形成霧面或侵蝕面，而達到除金鏽、去毛刺、去氧化層、應力處理、摩擦系數調整、精密度調整、高附著力、美化、霧化、消光……以提升素材表面的光潔度，其用途運用廣泛。

求你們快，我只要求工作順利、人員平安而已，而且身為老闆的我，也必須對你的家人及委託我們的業主負責，不是嗎？你自己想想吧……」

阿峰聽了，發呆了一會，最後總算認同我的說法，繫上安全繩上了屋頂。

他對我說：「老闆，你說的對，我照你意思做。」

原以為大家都會乖乖的遵守規則，但我後來發現，結果並不是這樣。有些人總是要我提醒才會繫，有些人是繫了卻沒跟母繩綁在一起，繫假的。唉，人真的是最難管理的。直到某一天……

還記得那天天空無雲，天氣相當好。我們那天的工作內容是必須在五樓頂加蓋鐵皮屋。一樣的，在爬高的動作前，我都會要求繫上安全繩。組骨架、鎖水槽、蓋板，有些動作是人員必須蹲在屋簷前端的，你說這危不危險？講真的，我還做過好幾次惡夢，夢到自己從屋簷前端墜落的惡夢！

這次大家都有遵照我的規定綁上安全繩，所以讓我安心許多，以後惡夢應該不會再出現了吧。

午休時間過後，準備再度開始繼續我們的動作。我吆喝著別忘了繫上安全繩，然後檢視著每個人是否有綁上。

嗯，很乖，都有繫上。正要檢查站在屋頂邊緣的阿峰，看他腰上安全繩有沒有勾好，或與母繩綁在一起時，才看著他，就聽著「碰！」一聲，他從屋頂邊緣失手墜落……

瞬間，我一時反應不過來，就算反應過來，想拉也來不及。畢竟所有人離他還有段距離。就這樣，在我的眼前，阿峰從屋頂摔了下去，撞破五樓採光罩，摔在五樓的後陽台。

我嚇傻了，頓了一下，才回復清醒衝了過去。眼見阿峰痛苦的依靠著女兒牆坐在地上，站不起來。

「沒事吧？」我著急的問。

阿峰用痛苦的表情跟我說：「應該沒事……休息一下就好。」

我緊張的說：「你的臉都白了，我們去醫院檢查吧。」

阿峰站了起來，跳一跳，頑強的笑一笑說：「你看，沒事，繼續吧。」

說完，看著破了一個大洞的採光罩，阿峰不好意思的又說：「老闆，對不起，我又製造麻煩了，這個扣我薪水沒關係。」

我說：「三八兄弟，你沒事比較重要，那個不要緊。」

阿峰忍住傷勢，故作沒事說繼續繼續……真的沒事嗎？我感到懷疑。沒想到阿峰一蹲下，腰部的內傷讓他再也忍不住了，痛苦的表情全寫在臉上。

我看了直覺不對，便吩咐說：「全收了，不要做了。我帶阿峰去醫院檢查，其他人收一收回工廠。」

阿峰聽了連忙說：「不要，不要這樣子，我還可以的，不要為了我……我真的沒事啦！」

這就是我的兄弟，我的夥伴，寧願自己巴結點，忍耐一下，也不願自己去影響大局。我懂，我當然懂。

我說：「沒關係，就聽我的，去醫院檢查一下。最起碼，大家都能安心。」

阿峰知道改變不了我打定的主意，便同意的乖乖跟我去醫院檢查。

在車上，我問：「阿峰，你不是有綁安全繩，怎麼還會掉下去？」

阿峰不好意思的說他有綁，但是他沒有勾在安全的地方，因為他覺得移動不方便，所以綁假的。

果然跟我猜的一樣。我說：「今天幸好有採光罩頂著有緩衝，也幸好有破，如果沒破……你可能被彈出去，直接到一樓了，那後果真的不敢想像……」

我又說：「我們賺錢那麼辛苦是為了什麼？如果今天你的家人失去了你，那他們該如何是好？而我呢？錢賺不賺無所謂，我少了一位大哥，然後你要叫我怎麼去面對你的家人與業主？

「就算是命運讓我們做這行，我們也不該如此看輕自己，我們可以選擇的。什麼生死有命，富貴在天，這種卑微、命如螻蟻、犧牲自己的想法，拜託別再有了。

「我們可以樂天知命，在安全的模式下去追逐我們的夢想，這不是很好？做鐵工又如何？最起碼我們不偷不搶，是靠我們的技術在賺錢。相信我，你的家人會以你的工作為傲，因為他們在乎的是你，而不是錢。」

阿峰不發一語沉思著。我想，應該是背傷，然後我又唸一整路的關係吧。但是，我真的覺得他能聽進去。

到了醫院掛了急診，我請阿峰撥電話給他的老婆。雖然外觀上沒有傷痕，但總覺得不對。

沒多久，護理師請阿峰進去做檢查，此時阿峰的老婆也趕了過來。我將在屋頂發生的事一五一十的告訴她，阿峰的老婆聽了眼眶也紅了起來。她緊張焦慮的在門口走來走去，她知道他的老公為了家庭正奮鬥著，他是他們家的支柱與依靠，是不容許有任何閃失的。

此時此刻，我更了解我的要求是正確的，一定要嚴格的執行，絕對不能再有這種畫面在我眼前出現了，絕對！

阿峰檢查完走了出來，還跟她老婆開玩笑的說，他神奇的飛下了兩層樓……

我知道阿峰不想讓她的老婆擔心，故意逗她笑的。

聽診時候到了，我們聚精會神的仔細聽著醫生說的每個字。醫生說阿峰從兩層樓摔下來時，有去撞擊到東西，所以腹部的肋骨斷了三根。

我們異口同聲的說：「三根！」

我接著問：「那怎麼辦？要開刀嗎？」

醫生不急不徐地說：「肋骨斷了，只要好好休息，它會自然的癒合。所以不用開刀，吃點止痛藥就好。」

聽到這句話，阿峰的老婆眼淚流了出來，因為她鬆了一口氣，幸好沒事……

阿峰安慰著他老婆說：「以後不會了，別擔心了。」

聽到此話，我知道，我的話阿峰有聽進去了。

今天這件事，是老天給我們的小小啟示。我們要把這件事放在心頭上，時時刻刻的提醒自己，顧好自身的安全，別再讓家人為我們擔心了。

相親進行曲

一直忙著工作，整天與鐵相處，內向的我，從沒交過女友，也根本沒時間去跟人聯誼，可說是道地的宅男。

有一天，媽媽跟我說：「你年紀已經不小了，怎麼都沒看你交過女友什麼的，是不是性向上有問題？」

我回答說：「白天工作很累，晚上也懶得出門，朋友約個幾次後，老約不出去，後來索性也不約了。所以，也根本沒機會去認識什麼異性朋友。」

媽媽說：「好，那我來幫你安排，只是到時你不能找藉口拒絕喔。」

我說：「喔，好吧。」

心裡想，我好像也只有靠人介紹，才有辦法認識異性。因為我的個性太過內向了，只要跟心儀的女生說話，就會結巴臉紅，怎麼還敢去追？所以，就順其自然吧。

■

某天下樓準備騎車去上班時，隔壁的阿姨看著我，露出不平常的笑容跟我問候。

我向阿姨問早安。隔壁阿姨笑笑的說：「早。嗯……別擔心，你這麼努力，一定可以交到女朋友的。」

我露出驚訝的表情，趕緊騎了車離開現場。心裡想說，她怎麼會知道？一定又是媽媽大人的傑作，恐怕只差沒請里長廣播而已……

果然沒錯，那天晚上媽媽突然叫我去一間卡啦ＯＫ。

這太奇怪了，一定跟介紹女友有關。所以，心裡是千萬個緊張。

一進卡啦ＯＫ，見到媽媽與一名年輕女子在交談，而女子旁邊坐的，應該就是她媽媽吧。

媽媽叫我坐到她身旁，介紹著她朋友與她朋友的女兒。

天啊，這難道就是傳說中的相親？我心臟緊張得快跳出來了！看著坐我對面的那位年輕女子，年輕貌美，媽媽真的眼光也不錯……可是當下，我一句話也說不出來，反而是那位女子嘰哩呱啦的很健談……這應該叫大方吧？嗯，大方……咦？她會喝酒耶。哦……還敬我酒……這應該叫女中豪傑吧！

就在卡啦ＯＫ的氣氛下，我緊張的心放鬆了許多，話也跟著音樂多了起來。酒過三巡後，那女子無意間透露她交過很多男友，難怪……對比我這戰績掛零的，顯然我是處於下風。

就這樣，第一次的相親結束了。當然，媽媽會在事後做意見調查。

「我呢，我覺得這女生是女中豪傑，社會經驗豐富，可以交往看看。」

媽媽聽到我的答案，很高興的急著想知道女方的答案。沒多久，得到的答案如下，「剛毅木訥，沉默寡言，個性過於內向，所以無緣。」

蝦米！無緣？就是被打槍的意思囉。還真直接，一點都不留臺階給我下。好吧，無緣就無緣囉。

媽媽見我失落的表情，鼓勵著我說：「別擔心，這只是第一回合而已，後面的會更好。」

我心想，還來？不會吧，但好像只有這方式才交得到女友。好吧，只好默認這種模式了。

■

幾天後，媽媽告知巷口李太太有一位女兒，也是跟我一樣都忙於工作，沒交過男友。所以媽媽一提，李太太馬上就說好，並約了星期日在附近的咖啡廳。哇嗚！真是不得不佩服媽媽的辦事效率，可以當專業媒人了。

於是，讓人「恐怕」的星期日來了。這天，就像電影中播的畫面一樣，我與媽媽先到場，找了一張四人桌坐下，我點了一杯柳橙汁，等候著對方到來。

快到約定的時間了，我緊張得如杯中我所製造的漩渦一樣，快暈了！

此時，看到一對母女開門走了進來，開獎囉……哇嗚！這次來的從外觀來看，是位非常有文藝氣息的少女，帶著書卷味，這應該就是傳說中的鄰家女孩吧？嗯，這次我不會輸了，因為我有經驗了。（戰績一敗！）

媽媽請對方坐下，然後開始自我介紹。自我介紹？這對我來說當然沒問題，尤其已經有過失敗的經驗，所以這次我修改了上次失敗的原因。我沉穩的介紹了自己，然後對答如流，果然深獲好評（自己想的）。

當下，兩位媽媽心急著想湊合我們（用「我們」好像太快），就鼓勵我與氣質少女找時間出去約會。我當然是沒問題，比較擔心的是，怕氣質少女當場發給我好人卡。但結果出我意料，氣質少女點頭了，並給了我她的手機與家裡電話。

天啊，這真的太令人高興了！於是，我們約了七天後的星期日。

可是問題來了，七天後我要帶她去哪裡？頭痛了！對了，看電影吧。那中午午餐要吃什麼？晚餐呢？怎麼去？哇！好煩……就這樣，我整整六天都在想這個問題。

有了，開著我的新貨車去吧。嗯，我把貨車洗乾淨一點，最起碼有車不用騎摩托車呀，嘿嘿……期待。

轉眼間，第一次約會的時間到了。我與氣質少女約在巷口，兩人都準時到了約定地點。我看了一下手錶，十一點。「不然我們先去吃飯，然後再去逛百貨公司，然後再看電影，這樣好嗎？」

氣質少女表示沒意見。於是我找了附近一間川菜館，點了四五樣菜。菜來了，我說不要客氣盡量用，可是當下我發覺我錯了，我怎會帶她來川菜館呢？很奇怪的氣氛……

氣質少女吃了幾口飯，夾了幾次菜後，就說吃飽了。而我也是一樣，根本沒胃口，也是吃了幾口就放下筷子。好吧，那就趕快換下一個行程。

川菜館的老闆看到我們整盤菜都好好的就要結帳，便問我說是哪裡不好。我說：「沒沒，很好吃，只是吃不下。」

川菜館老闆問要不要幫我打包？我心想，總不能約會還提那幾包菜吧，於是搖了搖頭。（好可惜，那些菜……）

第一站可以說是失敗的，但沒關係，還有挽救的機會。於是我請氣質少女等等，我去開了貨車過來。此時，氣質少女露出驚訝的表情說：「坐貨車去嗎？」

我說：「嗯，可以嗎？」

氣質少女說：「喔……好。」

於是我開著貨車，載著氣質少女，前往台北市新開的華納威秀影城。一路上，雖沒太多交談，但感覺上還不錯。

一到影城，雖然貨車有點引人注意，但我覺得還好。下了車後，我說我先去買票，此時氣質少女卻說不想看電影了，因為花了太多錢，只要去對面的百貨公司逛逛就好。

好吧，就按照你意思。就這樣，在百貨公司裡走著，兩人沒有太多的交集，直到要回家了。

在車上，我問能再打電話給她嗎？氣質少女說好，但自從那天後，我再打電話給她，她總是有理由拒絕我，所以我連張好人卡也沒得到，又得了一敗。

後來聽媽媽說，氣質少女的媽媽很喜歡我，可惜她女兒不喜歡我。還說，因為在當時還有個中醫小學徒在追她，所以她選擇了中醫小學徒。

我一直在想，原本感覺不錯的，為何結果是這樣？是哪個環節出了問題？難道是因為我的職業？

■

媽媽看我憂心忡忡，知道我為了氣質少女在煩惱，於是又幫我安排了第三次相親。這次相親的對象是媽媽同事的朋友，一樣又約在住家附近的咖啡廳。

人們常說「一回生、二回熟」，所以那天我顯得相當自在。這次走進來的是成熟美麗的

ＯＬ，說起來我算滿有豔遇的，相親的對象都很漂亮。相形比較下，我自卑了許多，皮膚因長期曬太陽而黑黑的，工作又只是一名工人。但我相信，我會遇到真愛的。

一樣的，在自我介紹之後，對方也同意跟我做進一步交往，同樣的也約好了下星期日約會見面。

這次不能再犯同樣的錯誤了，所以這次我做了非常詳細的調查，比如上網查該如何進行約會。嗯，這樣就有些把握了。

上次帶去吃川菜館是錯誤的，所以我這次找了一家適合情侶用餐的西餐廳，然後安排了去碧潭風景區划船及走走，最後再去看電影，這樣的安排應該不錯吧。

對了，聽說女孩子最喜歡花了，那就給她個驚喜好了。於是在前一天，我跑去花店想買一束花，可是心想，一束又好像有點誇張，所以我改買一朵紅色的玫瑰花，這方法應該有用吧。送花這對臉皮薄的我來說，已經是跨越了一大步。

星期日到了，這次我一樣開著洗得非常乾淨的貨車，來到女方家附近約好的地點。當她看到貨車時，又露出怪異的眼神。

上車後，我將昨天買的玫瑰花送給她，她驚訝的說不用這樣。喔，笨蛋的我，其實真的也不知道該怎麼做才能討人歡心，但我是真心的。

於是再前往預定的西餐廳準備用餐。這次，我也有特別的準備，前一天已經跟店家註明我要靠近窗口的位置，這樣應該不會再有問題吧。

果然，一切都很順利，輕柔的氣氛，優雅的環境，真的讓人心情很放鬆。用完餐後，我說我們去碧潭走走好嗎?她卻說不用了，只要去百貨公司逛逛就好。

我問：「那想去哪家?」

結果答案是上次去過的華納威秀。

「好，那邊我很熟，就去那邊吧。」

去到那裡，我開始發覺怎麼整個氣氛環節都跟上次一樣，不會逛一逛，她就要回家了吧?果不出其然，逛完之後，她說她不想看電影了，累了想直接回家。

天啊，看來逃不過失敗的命運了。在回家的路上，我盡力的找話題，想引起她的共鳴，但總是得到冷冷的幾句回答。我不死心的問，以後還可以再打電話給她嗎?可能她不好意思拒絕我吧，便答應了。

之後我總是找機會打電話給她，前幾次都會接，但到最後，又跟氣質少女一樣，開始找理由拒接我的電話了。連三敗!

這次就真的傷到我的心了。女人心，真的是海底針。算了，我決定不再相親了，就順其自然吧。

正當這樣想時，媽媽又幫我找了一位對象。這位是個大陸女子，在那時，很多人都娶大陸女子，媽媽說，可能台灣女孩眼光比較高吧，所以這次幫我選了一位大陸女孩。

我看著照片，心裡的疑問是，長這麼漂亮，會沒有男朋友嗎？

沒幾天，媽媽介紹了一位王先生要換鐵窗窗頂，我去估了價，也做了此工作。工作做完後，才知道這位王先生就是那位大陸女孩的舅舅，是台灣這邊先幫她過濾的人。

沒多久，媽媽說對方女孩看過了我照片，她的舅舅也說我是個不錯的男孩，覺得可以交往，但希望我能過去大陸看看，所以媽媽連台胞證都幫我辦好了。好吧，真愛是不分國籍，是沒有國界的，去就去吧！

媽媽很快的跟對方約好見面時間，但命運的安排總是讓你猜不到接下來會如何？就在等待前往的時間裡，某天樓下廟會辦桌，我與媽媽和媽媽的友人坐了同一桌，旁邊坐了一位年輕人廖，原來是媽媽朋友的兒子。

在閒談中，得知他換女友有如換衣服一樣。我不免讚嘆了一下，問他是怎辦到的？他說就沒別的，只要臉皮厚就行了。我心想，那我慘了，什麼都有，就是臉皮超薄。

媽媽聽到，就直接跟年輕人廖說：「那你看有沒有認識好的女孩子，可以幫我們昌仔介紹一下。」年輕人說：「好啊。」並表示，他常跑各大公司，因業務關係認識一些不錯的女孩，介紹當然沒問題。

本以為是開玩笑，但沒幾天後就接到那位年輕人廖的來電，說要聯誼，找我參加。好吧，那麼多人，再緊張也不會比前幾次的經驗緊張吧。只是這次我就沒開貨車去了。

本來心裡想，開貨車是代表我是腳踏實地的男人，而且貨車是新車，乾乾淨淨的，會丟臉嗎？我雖然常為自己的工作感到自卑，但從不覺得這是一份丟臉的工作啊。算了，是她們不懂我的優點。這次我就開我剛買的二手老爺轎車去吧。

到了約定地點，看到了廖與一位樣貌普通但笑容可掬的女生。

我下了車問：「其他人呢？」

廖說：「就我們三人，那搭你的車好了。」

我說：「不好吧，車裡面很亂（因為剛買，還沒時間整理）。」

廖說：「沒關係啦。」

就這樣，三個人就開著車到處亂逛，也因為中間有廖在，所以氣氛就沒前幾次那麼僵。在富基魚港吃海鮮時，女生問我工作內容，這對一直沉默無言的我來說，真是最好發揮的題材。於是，我眼睛發亮開始侃侃說起對我的鐵的願景……

是啊，**我是一名鐵工，但我要我的鐵交到客戶手上時，它是閃亮的，它是能感動人的。**

我滔滔不絕的講有關鐵的事，而這位小姐也聽得津津有味。或許也是因為她的大方親切吧，所以我表現得很自然。

約會要結束了，可是這次我不敢再跟她要電話了，廖看我遲遲沒動作，直接就跟我們兩個要了電話交換給對方。

私下我問女孩：「我可以再打電話給你嗎？」

女孩害羞的點了點頭。於是我的初戀就此開始了。更在交往一段時間後，我們就結婚了。

我問老婆：「為什麼你會看上我？你應該知道我只是一名工人，最讓人看不起的鐵工。」

她說：「我知道啊，可是當你在說你的工作時，是那麼的有計畫，那麼的有目標，我彷彿可以看到你的未來願景一樣。所以，我覺得你是一個腳踏實地的男人。」（這些話是我老婆說的喔，不是我自己誇自己喔，嘿嘿……）

就這樣，我找到了我的真愛，她願意與我同甘共苦。直到現在，無論多遠、多晚、多累，她都會陪我去丈量，因為她總是擔心我太累，總是擔心我找不到車位。所以，每次丈量無論花費幾個鐘頭，她總是毫無怨言的在車上等候。

或許你會覺得，我在介紹她出場的用詞有點隨便與普通，但事實上是如此啊，哈哈！只是在我心中，她永遠是最美麗、最善解人意的人。

第三塊鐵　鋼鐵裡的軟實力

第一個創作——媽媽的手推車

在阿生師傅那裡學習時，日子過得很快樂，而我所賺的錢總算對家裡的經濟也有所幫助。

但是有一天，突然傳來了一個消息，就是媽媽做家庭代工的公司決定要收了。看到媽媽煩惱的神情，我心裡更加篤定，要趕快將鐵工這門技術學起來。

幾天後，吃晚飯時媽媽很開心的說她找到新工作了，而且是政府的工作。原來是里長幫媽媽找到清潔隊臨時僱員的工作。

我說：「會很辛苦嗎？」

媽媽回我：「哪個工作不辛苦?辛苦不重要，重要的是能靠自己力量賺來的每分錢，都可以用得實在與快樂，這才重要。」

看到媽媽高興的樣子，似乎我也認同了這樣的說法。掃地應該還好吧。我自己告訴自己，無論如何，要趕快將技術學好，這樣才有能力擔起這個家。

某日，阿生說第二天要去遠處安裝鐵窗，叫我早上六點半就要到工廠集合。於是，隔日的一大早我就出門了。

在熟悉的路口等著綠燈，此時，卻看到一個熟悉的身影，一位載著帽子、拿著一支掃把，拖著一個笨重垃圾桶沿路打掃的身影……

看著那熟悉身影，我眼眶紅了起來，是媽媽沒錯。我騎了過去，問：「你穿這樣會不會冷？這垃圾桶很重吧？為什麼沒配備推車？」

媽媽說：「有推車啊，可是不好用，要兩隻手推……你不要擔心我，趕快去上班！」

「喔……好。」

在前往工地的路途上，我一直想著媽媽的事情。對了！我可以設計一台好用的拖板車給媽媽使用啊！

我將想法告訴了阿生，阿生也贊同我的想法，讓我在下班時可以自己做。於是，我開始動腦設計，總算想出了一個不錯的點子，然後利用幾天下班的時間來製作。

我決定給媽媽一個驚喜，所以把完成的拖板車帶了回去。吃完晚飯後，我喊住媽：「媽，你等一下，我有一個東西要給你。登登……不銹鋼折疊伸縮拖板車！這台車我已經盡量減輕重量，它可以摺疊收納，檯面還可以伸縮喔……」

媽媽看我講得口沫橫飛，笑了笑說：「這不就很貴？」

我說：「不用錢的，阿生老闆說，因為是你要用的，所以我可以隨便取用工廠的材料，不用錢的。」

媽媽：「喔，那幫我謝謝老闆。也謝謝你的用心喔，媽媽明天會試試看好不好用。」

隔天，我下班急著回家，想趕快知道媽媽使用後的心得。

「媽，車子好用嗎？」

媽媽說：「嗯，當然好用啊！而且我都跟同事炫耀說，這是我兒子自己設計做的呢。」

聽到媽媽開心滿意的答覆，我心裡也就安心多了。

當時尚未創業的我，不由得在心中喊道：媽，你放心，我會努力的！

雖然這個推車現在看起來沒什麼，但是當時的我運用了許多學來的技巧，加上一些巧思，可說是獨力創作的第一個作品。而且是獻給我的母親，對我來說，這是非常有意義的。

彩虹的約定——鍛造窗

某日接到一通電話，一位網客程先生覺得我在解說鐵皮屋的製作流程時，很細心，有站在業主立場替業主設想。所以，他想請我幫他做一個鍛造鐵窗。

可是呢，這鍛造鐵窗與一般的鍛造窗不一樣，程先生拿出他的設計圖，笑著說：「能不能做出跟教會有關的主題——『彩虹的約定』。」

我說：「有點難，但是我喜歡，若交給我做，我會這樣做……」我在現場口沫橫飛地講了我的想法。程先生很肯定我的想法，便將此工作交給了我。

在製作過程中，一直擔心這不是程先生要的，所以我排了好幾個花樣給程先生挑選，但都不是程先生要的感覺，於是我又排了幾個花樣，其中有一個是葡萄藤的花樣。果然，眼尖的程太太挑上了最難做的葡萄藤花樣。

好吧，我們就按照程太太的意思去製作，有彩虹、有倦鳥、有葡萄藤，這真的是考倒我了，彩虹還是容易的，叼著幸福的倦鳥才是難……

於是我想到了「火燄切割」，也就是用畫畫的本能，將鳥畫在鐵板上，再用火燄切割割下來。

這個難題總算解決了，但葡萄藤呢？

由於我不喜歡太制式的東西，反而喜歡看起來有生命，像真的生命的東西。

於是，我用手工模仿葡萄藤，採用不同尺寸的鐵條，彎曲，互相攀附，而且不局限在框架內，讓它給人像要脫框而出的感覺，最後再焊上樹葉、葡萄……真是快樂！我完全沉迷在製造的過程中……

工作總算完成，真的很酷！

除此之外，我按照標準工法，將鐵窗送去做熱浸鍍鋅防鏽處理，這是當初報價裡所沒有的，因為我不想看到辛苦做的鐵窗，幾年後就因雨水鏽蝕而腐敗，所以這鐵窗根本就沒賺錢，但我做得非常開心。當然，我也將過程一一的拍了下來。

總算到了安裝的日子。程先生看到完成的樣子，直說：「漂亮！我從沒想到鐵可以這樣的表現。」然後又說：「一定要將你們介紹給教友。」

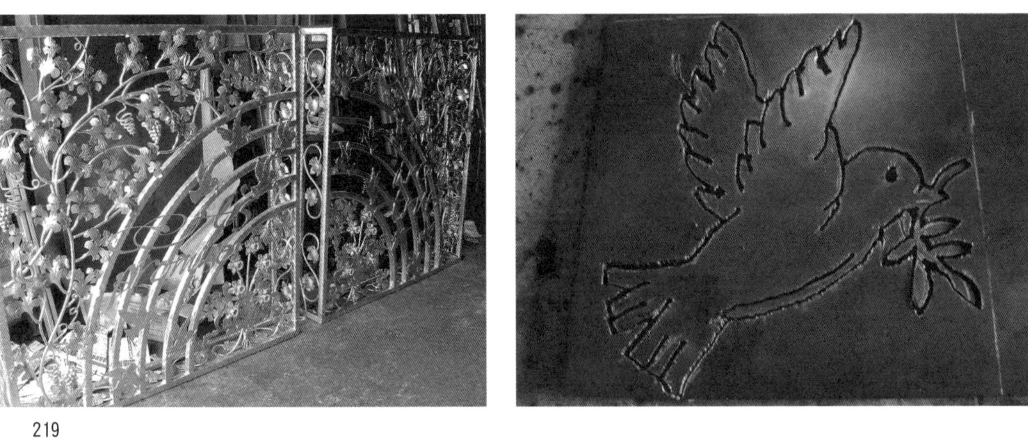

我聽了非常開心。對，這就是日積月累的用心，如今可以運用上了。

聽到程先生的讚賞，我們也迷上了這種感覺，而這只是個開始。

我很用心的將照片與文字寫成了一篇文章，在當時，這篇是我部落格點閱率最高的文章，也因為這篇文章，幫我招攬了許多生意，也奠定了我部落格的模式。

鐵工冷知識

鑄造：以適當的材料作成鑄造模具，再將熔化成液體的金屬灌入模具預留的孔內，等冷卻凝固後，再將模具拆開，得到想要鑄造物件的一種工法。

鍛造：所謂鍛造，是利用壓力或敲打，將鐵做出想要的造型。早期鐵工們會利用高溫將鐵燒紅，再利用機器或人力鎚打，做出各種所需要的造型或鐵件。

火焰切割：火燄切割是項很古老的技術，人們利乙炔及氧氣燃燒產生高溫將鐵燒紅（氧化），再利用高壓氧氣瓶的壓力，經由槍組吹出高壓風力將燒紅的鐵給吹斷。雖然方便，但在早期是有相當危險性的，一旦操作不慎，會產生倒呑火（回火），先燃燒槍組的橡皮管，再進而讓桶裝氣體氣爆，不過現在槍組及壓力錶已經有防止倒呑火裝置的設計，所以在使用上還算安全。

熱浸鍍鋅：這是一種讓鐵材不會生鏽氧化的工法。過程就是將鐵製物件完全浸泡在約四百至五百度高溫溶化的鋅池裡，此時鐵和鋅會產生一連串的化學變化，鐵的表面會產生一層鋅層，而這層鋅層具有良好的防鏽效果。這種防鏽用途在馬路上便常常可見到，如路燈燈桿、護欄、高速公路的指標鐵架等。

【鐵師傅要告訴你的事】

怎樣才是好的不鏽鋼鐵窗

鐵窗在台灣到處可見，最主要功能為防盜，因此，使用的材料厚薄粗細及施作焊接的工法，便直接影響到防盜的功能。

材料的厚薄（常見標準為0.8mm厚）、焊接的方式（有的只焊四個點，常見標準為焊滿）及管材或花樣排列的間隔與距離（主骨架方管實內間距以不超過50公分為準，穿梭的圓管中心間距以不超過10公分為準），這些一定要問清楚，一分錢一分貨。厚的管材、足夠的焊道及排列的間隔密度，才能有效的阻撓或拖延小偷入侵。

目前使用材料多數為不　鋼鋼管，除了厚度，還有樣式可以選擇，比如主骨架的設定有2.5公分的方管及3公分的方管，而裡頭的穿梭的管材也可以選擇，如1.8及2.5公分的方管或是圓管。

因為是採用不　鋼，所以使用年限最少五十年。而防鏽的方式，則有電解防鏽處理及烤漆兩種。

鐵窗製作如何計費呢？通常都以面積來計價，單位是以才為基準（30公分乘30公分見方為一才）。

管材、焊道及排列密度都是鐵窗防盜必須考量的因素。

鐵屋洗香香

鐵皮屋應該是我最擅長的，也因為鐵皮屋這區塊做了很久，知道了一些弊病，深痛為什麼這種種事還會發生，所以在一次網客劉先生找我們施作的機會下，我把一些該注意的事項給寫了出來。

或許你會說，鐵皮屋就鐵皮屋，有什麼好注意的。當然，若不計較外觀，就你眼前所看到的，確實是如此。

但是，不說你不知道，從鋼材的選擇、排列的距離（跨距過大，板材容易凹陷）、焊接的方式（焊道的長短與焊接確不確實，直接影響到結構）、固定的方式（怎麼固定，固定的鐵板厚度與螺絲，這些都好比大樹的樹根）、螺絲的選擇（螺絲是固定的重要角色，應該慎選，若螺絲失守了，其他的也就不保了）、板材的選擇（板材的好壞直接影響使用年限）、板材鋪蓋的順序、鎖板材的方法、鎖板材螺絲的選擇、防水膠矽利康的打法、矽利康的品牌選擇，與最後完工清潔的方式。種種這些，都會影響外觀及使用年限。

劉先生信任我，將工作委託給我，我也借此將剛剛這些必須注意的事項，以暗示性或明說的方式PO在部落格上，在當時還有現場都獲得極大的回響。

我萬萬也沒想到，區區一篇文章，竟讓我嘗到走紅的滋味，我們的工作量暴增了，原本三人的結構已經負荷不了，必須再找尋伙伴來幫忙。

而在劉先生家，除了劉先生的讚賞，隔壁鄰居也覺得我們做得很好，也願意交給我們施工，一做，居然整條巷子都快被我們做完了。

當然，其間也有別的鐵工進去施作，但明顯的輸給了我們，無論是外觀還是工法上。

但是，有利必有弊，除了業主們看得到我們的流程，同樣的，同行鐵工老闆們也看得到。所以，接了幾次抱怨的電話，說我為什麼這個那樣做，那個為什麼要這樣做？因為業主會拿我們的照片與工法去要求他，讓他一個頭兩個大，尤其洗鐵屋這塊，他相當不認同，同行鐵工說鐵皮屋就已經很斜了，我還搞什麼洗鐵屋，這是想逼死誰！

我反問：「洗有沒有比較好？只要回答我這個問題就好。」

同行鐵工聽了卻答不出來，因為他知道，絕對比較好，因為在屋頂上切割是一定會發生的事，而只要有切割，就會有鐵削與粉塵，用掃的當然可以，但如果能用洗的，不是更乾淨？

同行鐵工知道這道理，所以他答不出來。但平心而論，的確在屋頂上洗鐵屋是有風險的，因為濕滑，但重點不在這裡，而是過程，洗鐵屋必須等矽利康乾了之後才能洗，一般打完矽利康，就代表完工了，誰會隔天再去洗。

這也不能全怪鐵工，因為行業的競爭，業主只擔心造價，往往手裡拿著報價單，然後四處詢價。詢價的過程並沒有錯，重點是，業主往往把焦點放在報價單的價格上，一味的殺價。

試問，如果是你，你會做其他多餘的服務嗎?沒幾個，會的都是瘋子，但我就是!

不過，我也是一開始是免費純服務，後來因競爭與成本壓力下，不得不把洗鐵屋的費用都內含在報價單裡。奇怪的是，注重高品質的都會買單全收。所以說，只要價格合理，秉持信用，我想大家都可以接受的。

【鐵師傅要告訴你的事】

好的鐵屋條件

好的鐵皮屋，先決條件是不能漏水，不能被風吹走。

這聽起來好像很簡單，但是，請注意，每每颱風一來，新聞報導中總是有關於鐵皮屋飛走的新聞，而事後我們也一定會接到漏水要去維修的工作。

為什麼？原因就是施工上出了問題。

好的鐵皮屋，應該是固定與焊接非常牢固的，也不應該會漏水。

以下就各要點再做說明：

骨架粗細的選擇：依照長度、跨距去設定型鋼的規格，如鐵屋面寬四米，那採用100 C型鋼就夠用；若寬度達到五米，那就必須採用125或150型C型鋼或在五米中間再多一組拱跟柱子組合，來增加強度。

排列的密度：需依照鋪蓋板型來做調整，通常間隔為75公分左右，若是鋪蓋琉璃瓦型浪板，則間隔需再縮小，建議為60公分左右，因為琉璃瓦板型皺摺多、板材較軟，易踩陷，一旦採陷就容易積水生鏽，所以骨架排列的間隔很重要。

固定的方式：所使用的固定螺絲很重要，建議最起碼都要使用膨脹螺絲。

鎖附螺絲的要求：所指的是指鎖附板材時鎖的螺絲的方式、數量與材質，如迎風面鎖附的螺絲數量就要夠多；包板螺絲的鎖附必須鎖到骨架，不能只鎖在板材上；而選用螺絲的材質，需依照板材材質來做設定，總不能用不鏽鋼屋頂板材，卻鎖黑鐵五彩螺絲吧，因為螺絲扮演很重要的角色，一旦螺絲失守，屋頂也差不多飛光了。

屋頂設定的斜度：斜度的設定關係到排水，一間好的鐵皮屋是應該擁有好的排水安排，才能快速排水。這意思是說，如果屋頂做得太水平，那麼除了排水不良導致易生鏽，甚至在強風豪雨下，雨水是有極大可能性越過交合處而導致漏水。

板材施工的方法、順水的作法、板材鋪設時的整齊度，甚至將迎風面納入思考板材鋪蓋方向，這些都是很重要的。

收邊細部的要求：收邊是鐵皮屋的結尾，很多人認為不重要，但恰恰相反，收邊是最能強化一間鐵皮屋的精神，收邊收得漂亮，那這間鐵皮屋自然就會得到高分，自然就漂亮。

完工後的清潔：施工的過程一定會有鐵削殘渣在鐵皮表面上，這些鐵渣若沒處理掉，一旦遇到雨水就會鏽蝕黏在上頭，久而久之就會影響其他區域，進而大面積的鏽蝕，所以哪怕只是掃一掃，還是有其效果。

以上這些若都能注意到，那我覺得這就是一間好的鐵皮屋。

■

小預算也能蓋出好的鐵皮屋，不一定非得用最高級材料，只要多用點心，最普通的材料，也可以撐上個十幾年。

屋頂上的鐵皮分很多種，以常見的、由優至最便宜的排列是：不鏽鋼↓（以下皆為黑鐵去做表面防鏽加工處理）鋁鎂鋅合金↓鋁鋅↓樹脂↓鍍鋅，除了以上材質及表面的處理會影響價格與使用年限，板材的品牌與厚度

也都是必須列入考量的重點。

一般常用的厚度為0.5mm（實際厚度0.42mm），比較厚一點為0.6mm（實際厚度0.52mm），再來就是板材的樣式，如琉璃鋼瓦、歐式鋼瓦、常見的五溝浪板等。而板材底下可加裝隔熱、隔音的物質，如早期的甘蔗板、美耐板、鋁泊泡綿、發泡貼塑膠紙，以及發泡加薄烤漆板等。以上這些都是台灣目前最常見的板材。

至於骨架、橫樑等的材料，以下略說明之。

不鏽鋼：不生鏽，使用年限——永久。會壞的可能性，可能是釘子的矽利康老化，造成釘子生鏽，釘子頭斷裂，或者鎖附螺絲數量不夠，遇到強風時被吹走。

鋁鎂鋅合金：防鏽能力強，使用年限因推出沒幾年，無案例可循，不過根據測試報告，應該會比鋁鋅表現的還好，所以預估可達二十年。

鋁鋅：防鏽能力佳，使用年限保守估計十五年。

樹脂：耐鹼、防鏽能力佳，使用年限保守估計十五年。

鍍鋅：防鏽能力普通，使用年限保守估計十年。

鐵皮是保護骨架的一道防線，有人認為骨架比較重要，但在我的認知，骨架固然重要，外面包覆的鐵皮更為重要，只要不漏水，那麼骨架就算是黑鐵的，也能長長久久，所以請重視你的鐵皮，務必定時的保養它。

幸福的鐵皮屋

窗外又飄著細雨，無奈的我，正想著怎麼跟客人解釋……

■

每當夏天，就是鐵皮屋的旺季，工程上的塞車，是每年都會發生的事情。

這一年，也不例外，陳小姐一直以來是我的忠實讀者，她說她先生和婆婆都有找人來估價，已經有三家參與，但她就是喜歡我們做的鐵皮屋，也喜歡我們對鐵的態度，所以希望我能參與估價。

我說：「可以啊，可是如果要做，要排隊喔，天氣不穩，安裝進場的時間會有誤差。」

陳小姐同意這個說法，便約了一天假日前往丈量。

房子在基隆某個區塊的半山腰上，必須要走小徑才能到達。那是一間透天、有一段歲數的老房子，陳小姐說這房子是公公留下來的，對他們家來說，有著不可抹滅的情感。

我看了一下屋頂，應該是靠近海邊長期被海風侵蝕的關係，屋頂與骨架整個都已經呈現咖啡色，鏽得相當厲害。

與陳小姐閒聊中，才知道原本的鐵皮屋是由婆婆找來的廠商蓋的，也就是這次詢價中的其中一位。

陳小姐說因為是熟識，所以婆婆很信任他，但她知道很多工法不應該像他這樣做，現在房子會漏水，很多原因就是因為工法不良所造成的。

我說是的，一點都沒錯，海邊的板材應該挑好一點的，比如不鏽鋼，這樣才能一勞永逸，而且骨架應該間隔密一些，並包覆完全，才不會受雨水侵襲。

陳小姐聽了點點頭，她說很多訊息都是從我這裡知道的，她也告訴了先生與婆婆，但先生與婆婆對於來自網路的訊息總有極大的不信任，不過她會幫我爭取機會的。

我笑著說：「謝謝你，但不用勉強，好的廠商還是有，你先看過報價再說吧。」

次日，我依照房子的需求設定了一些材料與工法，詳細的註記在報價單上，並傳過去給陳小姐。她收到後便回覆說，她會與先生、婆婆商量的，過幾天再給我消息。

幾天後，陳小姐打來了電話，電話中說我的報價是最高的，但她相信我不會讓她失望，所以很希望是由我承包，但她不知該怎麼說服她的先生與婆婆。

「這樣啊，那如果可以，可以讓我看另外三家的報價單嗎？」

我看了其他三家的報價單後，便向她解釋著這些報價廠商所配的材料差異性在哪，我說：「我不批評別人的做法，我的報價單裡，板材的厚度，與什麼廠牌，甚至連螺絲的材質、矽利康的品牌，我都寫得一清二楚，這是看得見的部分，看不見的部分就是工法。你可以從看得見的部分著手，去詢問另外三家，算一算就知道我有沒有比較貴了。」

幾天後，陳小姐很高興的告訴我，她總算說服了她的先生與婆婆，我也很開心的跟陳小姐道謝，謝謝她那麼支持我們。

「我們一定不會讓你失望的。」

■

雨，還是不斷的下著。

新聞中，說今年下雨的天數已經打破往年的紀錄。呵……我只能望著天苦笑著。

我心裡清楚，還有幾位戶外工作的客戶還在等著，也正考驗著人們的耐性。

我知道，有時再怎麼解釋也是沒有用的，因為每個人總是希望能看到自己的房子能趕快完成。這我懂，但是我無能為力。

一個月後，陳小姐打電話過來，問著我目前的進度。

我說：「前面還有兩家還沒蓋，最近又一直下雨，所以……」

陳小姐說：「知道了，但是……（欲言又止）我會想辦法跟先生解釋的。」

我的壓力瞬間增加了三萬噸。抱歉啊，讓你為難了，是你力推我們的，等了一個月還沒進場，一定很難解釋吧，只能祈禱好天氣趕快到來。

但天總是不從人願，又過了一段期間，那一晚，陳小姐被逼著打了電話給我。

她哭泣的說著，她被先生與婆婆責備，選了一家最貴的，然後等到現在還沒進場。不斷的被家人酸，說她假會，太自以為是了。現在全部人在等著看她的笑話，她好難過。

我聽了，心裡也感到十分難過。是我們不對，莫名的堅持，雨天不施工……這樣的堅持真的是對的嗎？我不禁再度懷疑起自己。

我說：「鐵屋的料我已經訂了，鐵窗我也做好了，只差天氣好轉，讓你受到責備與質疑，是我的錯。我……願意無條件將訂金全數退你，你可以選擇找別人，或者再等等我們。」

這些話在同行耳裡一定感到不可思議，因為他們都知道，不鏽鋼屋頂與壁板材料有多貴，再加上已做好的鐵窗，會退訂金的不是白癡就是瘋子。

沒錯，我是白癡，也是瘋子！因為我不忍心陳小姐因我們受到委屈與質疑，或許把錢退了，事情會好點。

陳小姐聽了，不斷的跟我道歉。

我說：「你趕快去跟先生與婆婆解釋吧，把我的想法告訴他們，讓他們知道我不是詐騙集團的。」

陳小姐聽了，也知道她沒得選擇，只好照做。

隔天，我的手機傳來一個匯款帳號，我知道是陳小姐傳的，我心裡又開始罵自己：昌仔，你是白癡嗎？這一筆不少錢喔，退了訂金，又找別人做的話，那些料跟鐵窗就跟廢鐵一樣了，你真的要退嗎？

我退！我相信陳小姐！但若真的家裡反對……不不不，我不要再亂猜測了。

於是，當天我就匯款退了訂金。當晚，陳小姐說他先生與婆婆願意再給我一段時間，我聽了真的很高興，至少讓我覺得還可以相信人性。

陳小姐說婆婆找的那位鐵工，有在背後放箭，說哪有人讓人等那麼久的。

我說：「沒關係的，事實會證明你的選擇，其他就不是那麼重要了。」

過了一週，天氣才好轉，有如猛虎出閘般的我們，將證明我們不是浪得虛名。很快的，我們將生鏽的浪板全拆了下來，也順手將生鏽不堪的幾支骨架也換掉。

陳小姐的先生全程監看，驚訝的說：「當初報價裡有含換骨架嗎？」

我說：「沒，只是拆了屋頂才發現。但要我視若無睹，視而不見，很難……所以換了吧。喔，放心，這部分是不會做追加的。」

於是我們強化了骨架，原本少的、鏽的全都補上、換上，並且在最後時，再刷上防鏽最好的鍍鋅漆。

我深信人與人之間存在的懷疑，但只要用行動，一定就可以化解。

陳小姐的先生看著我們冒著大太陽，汗如雨下辛苦的整理著骨架，他吆喝著師傅們來喝他剛買的結冰青草茶。

我與師傅們都懂，這是業主的心意，我們會將這份心意放在心底，然後施展我們會的專業回饋於你。

別人蓋鐵屋一兩天就好，我們居然要比別人多了好幾天，說是瘋，說是傻，不如解釋為，這是一種堅持！

我拿著雞毛撢子將切好的板材表面給撢乾淨，小心翼翼的傳給師傅，目的是不讓鐵削跟著板子上屋頂。最後蓋好打完矽利康後，隔天再用高壓清洗機沖洗屋頂。

陳小姐的先生忍不住問我：「你們一直都是這樣施工的嗎？還是……」

我笑著說：「當然啊，其實我們一直都是如此，客人等我們等那麼久，我們不能讓客人失望啊。我知道你懷疑什麼，沒關係，你把我們當做在演戲也行，總之，這樣做對你的鐵屋只有好沒有壞，對吧？」

晚上，陳小姐在電話裡笑著說，他先生已經成功的被我收服，而且被我們所感動，成為我的粉絲了。

呵……瘋子的世界是很難理解的，當你一直努力的執著在某件事情上時，旁邊的人會說你瘋了。但沒多久，卻會被你所做的事給影響到、感動到。

我們一共在那裡奮鬥了五天。過程中，有很多路人與鄰居來詢問及跟我要名片，這些點點滴滴，在陳小姐的先生與婆婆眼裡，是一種肯定，是一種讚賞。

陳小姐的婆婆也主動問我們需不需要涼水，我也開心的跟她聊起這房子的故事。

鐵工冷知識

特殊地區用料：通常遇到住在山上、海邊、潮濕地區或工業區等處的業主，我都會建議用好一點的板材，如不鏽鋼或較便宜一點的鋁鎂鋅或鋁鋅。

海風帶來的高鹽分、潮濕山區的水氣、工業區所排放的化學廢氣，這些都會加速板材的鏽蝕與氧化，所以住在這些地區的民眾們，如果預算夠，不如將屋頂板材強化，以免沒多久再換一次喔。

我說這房子很久了，一定有很深厚的感情。

婆婆說她從年輕就住在這裡，所以她看我們幫她的房子改得那麼漂亮，她很高興，也很謝謝我們，然後對於退訂金的事感到抱歉。

我說：「我懂，因為我聽了許多業主們對房子的期許，當然包括婆婆你，他們都認為房子是有生命的，要好好愛惜，我也認同。剛剛上廁所時，發現門不是那麼好關，還有廚房的門也是，後面採光罩的膠也老化了，我跟這房子有緣，所以我已經交代師傅去修、去改善了。」

婆婆聽了很驚訝，直說那個門已經用了二十幾年，難關也習慣了，沒想到我來之後，就變得那麼好關了。看來，我真的與這房子有緣，與他們有緣，真的很感謝我。

晚上陳小姐再度打電話給我，說她婆婆很開心，山下的人也都在問是誰做的。然後婆婆要她再次謝謝我，他們全家都愛死了那個屋頂！

呵……真開心！當下，我也感受到那股氣氛。

我說：「我感受到了從你這裡傳來的幸福感，真的，這不見得用錢就買得到，對吧？」

於是我在文章的標題打上了「幸福鐵皮屋」。

幸福的鐵皮屋，不見得是要用最好的材料去做，按照業主的預算，注重細節，做出應有的整齊外觀，確保該有的使用年限，下雨不漏水，不用擔心颱風來時被吹走，那住在裡頭的人，是會感到幸福的。

我也會努力，讓這一切變得美好，讓許多人都能感到幸福，這是我應該做的事，繼續努力吧！

【鐵師傅要告訴你的事】

鐵屋的保養

很多人花了很多錢做鐵窗，逢年過節就會替鐵窗除除鏽，刷上防鏽漆，弄得漂漂亮亮的，奇怪的是，為什麼同樣是鐵的鐵皮屋，卻不用保養？

因為一般人總覺得一間鐵皮屋撐個十年以上就夠本了吧。是這樣嗎？

你知道嗎？撇開不鏽鋼鐵皮不說，其他鐵皮都是黑鐵材質下去製造，再將表面鍍上各種防鏽的材質，比如鍍鋁鋅、鍍鋅等，最後再噴上想要的顏色烤漆。

一旦日子久了，表面的漆開始老化，進而咬蝕的就是這些防鏽層，防鏽層退化後，接下來就是鐵板鏽蝕腐爛漏水……

一間鐵皮屋頂動輒數萬，真的就這樣放任讓它自然氧化，沒任何對策嗎？

方法當然有！就跟保養舊鐵窗的方式一樣，到一定年限時，就該重新上漆，重打矽利康，

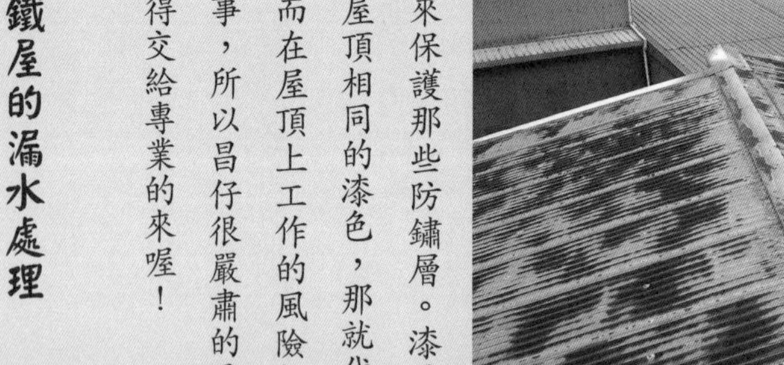

來保護那些防鏽層。漆是第一道關卡，當你手摸著屋頂，發現手上有白白的粉末、留有屋頂相同的漆色，那就代表漆已經老化，此時就是告訴你應該要重新再上個漆囉。而在屋頂上工作的風險相當大，不要因為想省點錢，讓毫無經驗的自己去做這種冒險的事，所以昌仔很嚴肅的要告訴你，你可以在安全處做檢視動作就好，這種危險工作還是得交給專業的來喔！

鐵屋的漏水處理

鐵屋漏水了怎麼辦？別慌，如果沒釘天花板是很好抓漏的，首先先記住漏水位置，然後用筆做出記號，隔天再請鐵工專業人員來幫你處理。

若有釘天花板怎麼辦？喔，還是要記住大概漏水位置，然後請有經驗的鐵工人員等待好天氣時，再上屋頂幫你查看。

鐵屋的隔熱處理

大家都知道鐵皮屋一到夏天就會很熱，這是長久以來很大的問題，但也不是沒辦法解決。

首先通風很重要，開窗的數量是室內通風的必要條件，再來可從屋頂著手，市場上已經有一種鋁箔加上塑膠所製成的隔熱毯，能有效的阻擋熱能，除此之外，還有隔熱漆的選擇及通風球或通風器的安裝，這些都能多少有效降低鐵屋室內的溫度。

鐵屋的排水處理

鐵屋的排水槽早期是採用黑鐵製成，一旦日子久了鏽蝕要更換，就相當的有難度，除了不易更換之外，還會造成施工人員的危險，所以建議無論如何，這條錢絕對不能省，一定要採用不鏽鋼的才能一勞永逸。

另外，鐵屋的排水量及排水管尺寸配置也很重要，若排水管配置太小或數量不夠，就會造成水槽排水不及，造成水槽滿水位溢進室內，通常這種現象稱之為「滿槽」，解決的方法就是在水槽設定一個高水位（挖孔），或者再配置新排水管，如此就可以有效解決滿槽的現象。

不能說的祕密——不鏽鋼扶手

某天，有一位網客李小姐想請我幫他們製作不鏽鋼的樓梯與扶手。因為樓梯的踏階最後會再鋪上木地板，所以就有了先後施工的問題。於是，李小姐希望在丈量日時，我與施作木地板的老闆都能到場。

丈量日時我依約定前往，三人就施工問題開始討論。此時，木地板老闆開口了：「我先做，鐵工再鎖上去就好啦。」

李小姐看著我。

我說：「都可以啊，只是扶手的立柱下方會多一塊鐵板或蓋板，就看你能不能接受。」（因為我曾因為這鐵板被業主嫌醜過，所以醜話說在前。）

李小姐煩惱的說：「這樣……不是很醜（幸好我有先提）。有別的方式嗎？我不想看到底座。」

木地板老闆不肯吭聲。

我說：「有啊，就我先做，木地板再包。只是木地板比較麻煩，要切立柱的缺口及補立柱的缺口，會有接縫。」（我一向憑良心說話的。）

李小姐說：「若是這樣，我比較能接受。那個……木地板老闆，你可以嗎？」

木地板老闆想了一下說：「好，那就讓鐵工先做吧，看鐵工什麼時候做完，再通知我。」

就這樣，確定施作後，我開始準備材料進行加工，等待約定時間到時，便準備進場安裝。

■

約定施作的時間到了，我們一進場，看了差點沒暈倒。木地板竟然在我們之前先進場，並且已經鋪到四樓，快鋪完了……

我問木地板老闆：「不是要等我先做再鋪嗎？」

木地板老闆說他工作很滿，沒辦法等那久，所以他就先做了，我們自己再想辦法了。

我說：「先做先贏，對嗎？」

木地板老闆還奸笑著跟我說：「對！」

■

真是氣死我了！我問屋主李小姐的意見，李小姐說她也不知道他鋪得這麼快，還問我怎麼辦，有沒底板跟蓋子的做法嗎？她真的不想看到底板。

我想了想，也不願意就這樣被限制住。我回說：「好，沒問題，讓我思考幾天……」

其實，我大可推給木地板老闆，然後採用有底板的作法，到時釘一釘就好，因為李小姐最後也一定沒其他的選擇。但是，我沒這麼做，因為我覺得這樣做是錯的。其實，**只要用點心，問題是可以解決的。**

當天，我們沒有裝到任何東西就原車搬回，這對我來說，也是一種損失，但只要能解決業主的問題，我也不會太計較了。

當晚，我坐在辦公桌前想了好久，想破了頭，想了最少二十種無釘的工法，然後再一一淘汰，選擇較可能成功的工法，然後隔天先在工廠做實驗與測試。

果然沒那麼容易，試了幾種較可能成功的作法後，還是失敗。

糟透了！但我已答應了李小姐，再想想吧……

就這樣，一日過了一日，連續試了幾個方法，都不行。少了底座，在結構上穩定性就少了許多，會晃動得很厲害，這在扶手欄杆的標準上是不及格的！

難道真的沒辦法？難道我真的要認輸了嗎？不，絕不！一定有方法的！

於是，我將之前想的方法再看過一次、再思考一遍……

嗯？對齁！可以利用管材空心的特性啊，嗯……這方法是可行的，但成本會比原本所估價的多了許多。這意思就是，就算我在時間內裝好，也是不會賺錢的。

不賺錢的生意你要做嗎？我想，應該很多人都不願意，會直接找業主追加或乾脆停擺。

但是當下，我又選擇了堅持下去，因為我覺得凡事不應該一開始就建立在金錢上面，還記得早餐車阿姨的話嗎？

（早餐車阿姨說：「你的善良、你的熱心，你一定要保持著，就像你看到我的餐車，然後修我的餐車一樣，你把客人的東西當做是自己家的，用這種精神去做，相信可以感動人的……」）

一定有很多人會說我是傻子、笨蛋或白癡，但坦白說，我一點都不在乎，因為我看到了李小姐的為難之處，如同我看到早餐車阿姨的為難之處一樣。

我知道，如果我追加預算，李小姐也是會想辦法買單的，但這錯不在李小姐，所以我願意當那個傻子。對我來說，這更是磨練技術將技術提升的好機會，所以我願意無條件的幫忙。

■

開始安裝了。雖然在工廠有試組裝過，但現場狀況是完全不同的，我們小心翼翼的一支一支裝，每支直桿都用兩台雷射各從X軸與Y軸照出垂直……

天啊，這種標準，我敢說沒幾個人會跟我一樣這麼做。

李小姐全程在旁邊看，她問說：「每家鐵工廠都這樣做嗎？」

我回道：「並沒有，通常是整座做好後，再整座帶來直接安裝上去。」

李小姐又問：「那這樣會準嗎？」

「準度看丈量與施作的人，準的機率不高，但通常沒人會去注意這個問題。這是我處女座的通病，沒辦法接受這樣的事實。呵……這部分等習慣後，算好做的，難做的在後頭……」

李小姐一臉疑惑。

我接著說：「我會把所有的接縫滿焊，滿焊就是把焊道焊滿，而不是點幾點。焊滿之後，那個焊疤很醜，所以我會將它再磨平，然後打出交界線（在阿生那時學的技巧），最後是讓你看不到接縫線的效果。」

李小姐笑著說：「真的那麼神奇嗎？這樣你划得來嗎？」

我說：「這時就不要想錢的事了，想錢的話，就什麼事也辦不了，放手去做就對了。神不神奇，到時候你看了就知道。」

於是，我們前後做了快五天。別人可能一天就搞定，但我們真真實實花了五天。

■

呼！總算完成。而且完成的精緻度，連我自己也嚇了一跳！

扶手的立柱就好像從木地板蹦出來一樣，無蓋、無底座、無釘，握把及整座接縫處更是精緻，整個質感都提升了，成功了！真的是完美！

李小姐看了非常感動，不斷的跟我道謝，

謝謝我給她這麼優質的東西。

我說：「感動的人不只是你，我跟師傅們也很感動，這是我們這幾天在用心下所做出來的作品，看著它，成就感都來了，相信它也會感動其他人的。」

對我來說，這一刻才是我要的，我享受此時與此刻。

但做生意以這結果來說，算一算是沒賺錢的，誰會這樣做？可是，後面帶來的效益卻是我想像不到的。我將這一段過程PO在部落格裡，馬上就起了效應，很多人問我是怎麼固定的？這是辛苦花費許多時間研發出來的，所以當然是不能說的祕密。後來，有很多網客都跟我約定了此作法的扶手，生意源源不絕，真的是因禍得福。

也因為有了李小姐案場的經驗，我們不斷的研發，已經進步到第四種改良版的安裝方式，而且不限任何地形與表面材質。

這是看得到的部分，還有看不到的部分。因為我是在公開的網路平台，因此許多同業對此作法也感到好奇與驚訝，這對我們的風評可說是大大的提升了不少。

這些效應是在當時想都想不到的，全因為效忠那句話：「你把客人的東西當做是自己家的，用這種精神去做，相信可以感動人的。」

到現在為止，我依然把這句話放在心頭上。

有溫度的感動——樓梯

不知從什麼時候開始，樓梯成了店內的招牌？很多客人喜歡我們做的樓梯，原因是我注重每個細節，我會替業主考量動線與預算。

樓梯，是兩個樓層互相連結的通道，做得好不好，關係著樓層間互動的時間。

而且樓梯在室內空間裡是一座很巨大的裝置，做得好不好，會影響業主每天的心情，因為業主會每天走，走的時候若發出嘰拐嘰拐的聲響，或是看到了哪個焊疤沒處理，或是整座樓梯歪歪斜斜的，或是規劃不好讓頭去撞到樑……那每天走，會是一件很痛苦的事，至少對我來說是這樣。

所以，我定的工法是很嚴苛的。我做樓梯的先決條件，必須是在現場製作，因為這樣才會準，無論位置點、踏階的水平與垂直、每階的高度，都是需用雷射水平儀測試過，這樣準度才可以掌握在誤差三釐米以內。

當然，事先動線的規劃與樣式的選擇是一定要的。

大部分我會先給出最少三種形式給業主挑選，因為我希望這樓梯是他們所喜歡的，如果做了一座不喜歡的樓梯，每天面對它，可是一件很難過的事。

而且，這也不是你付錢給我，我就照自己的想法丟一座給你的工事，這是不對的。所以，就在這種觀念下，我們的樓梯引起了共鳴……

天母的林先生就是其中之一。林先生原本是要一座不鏽鋼的旋轉樓梯，或許有些人會跟林先生一樣，覺得旋轉樓梯是最不佔空間的。不不不！這真的要看現場與環境。

那晚我跟林先生、林太太約了看現場，我提早了五分鐘到，現場撥了電話給林先生。林先生接到電話，緊張的說：「我在超商買東西，我馬上到……」

結果，我在一樓門口，遠遠的，遠遠的就看到一男一女朝我跑了過來，原來是林先生與林太太。

林先生上氣不接下氣的說：「對……不起……讓你等，我以為……時間還沒……到……」

我說：「是啊，還有一分鐘啊，不過也不必因此用跑的吧？看你喘成這樣，休息一下再說吧。」

坦白說，很少看到業主這麼重視時間與師傅的感受。

我與林先生、林太太上樓開始丈量。林先生負責幫我拉尺，林太太負責轉電風扇的轉向，我走到哪，她就轉到哪。

我受寵的說：「不用啦，真的謝謝你們。」但是林先生、林太太還是堅持這麼做。丈量完後，林太太把工地唯一的一張板凳拿來請我坐，並且再把電風扇轉向我這邊（當時是酷熱的夏天），還遞上濕紙巾讓我擦汗。這對我來說，算是頭一次遇到的禮遇。

我不好意思的說：「真的不用這樣的對待。」

林先生說：「要的，不是只有您（尊稱），還有其他工班的師傅都是如此，因為你們真的很辛苦，尊重是應該的。」

坦白說，聽到這句話，當下我很感動，因為這是人與人之間的一種尊重。

林先生並沒有因為我們的職業，而擺出一副高高在上的姿態，反而對我們畢恭畢敬的，這讓我直接就了解並感受到他對我們的期許，以及對作品的期待，讓我暗下決心，無論如何絕對不能讓他失望。

於是我想了想，看了林先生家的現有樓梯後，便提出建言，將旋轉樓梯拆了，改成較有現代感的轉折樓梯。

林先生感嘆的說，他的高齡媽媽有時要上樓，卻因旋轉樓梯的難度而作罷，他想要一座能讓媽媽也能上樓去陽台走走的樓梯。這是很簡單的願望，他拜託我能幫他實現。的確，好走的樓梯是可以放開雙手行走，而不會擔心摔下來或踩空。

就這樣，跟林先生、林太太聊了許久，我感受到他們的誠意，而他們也感受到我對樓梯的熱忱，所以當下便決定讓我為他們家重新施作樓梯。

夜深了，林先生夫婦送我下樓，在電梯中才得知原來我的老婆在車上等了許久，對此他們一直感到抱歉。

我說：「沒關係啦，這是我們夫妻同甘共苦的表現，這麼久的日子以來，也已經習慣了。」

林太太聽了眼眶紅了起來，她說：「真的，在你身上，我可以感受的到你對家的重視，因為我們也是。」

林先生說這房子跟他們已經有了感情，它也是有生命的，希望我能再為它增加新的價值。

我說：「我會努力的，你們說的我都懂，所以我會努力的。」

就這樣，我開始規劃。

坦白說，真的受空間限制很多，但我還是畫出了三個圖樣，讓林先生夫婦選擇。

確定樣式後，我們便按照時間前往施工。你可能不會相信，我們的午餐是林太太克服現場還未裝修好的難度，特別煮給我們吃的。

我玩笑地說：「這種環境要怎麼煮？」

林太太笑說：「做樓梯你們是專家，但煮飯我是專家，你們就別擔心了。」

還說我們便當一定吃怕了，所以她會特別煮幾樣拿手菜，讓我們吃到飽為止。我們嘴裡不說，但心裡都知道，這是林太太、林先生對師傅們的一種感謝之意。我與師傅都深深的感受到了，因為除了自己家人，誰會這樣招待我們這些工人？

如果是你，你會急就章亂做一通嗎？相信不會的，因為這是人與人之間的一種信賴。

我們對此樓梯的期許也是一樣的，所以我們會把所有的精神與日積月累的技術都付出在上頭，希望交給林先生、林太太成品時，他們是喜悅的。

▒

完成了，我與林先生、林太太站在樓梯前時，我望著林先生、林太太，我從他們的表情，確實的感受到了他們對樓梯未來的期許。

林先生用感性的話語對我說：「謝謝你的用心……」

之前樓梯的弊端都沒了，他們全家都很滿意，尤其是林先生的媽媽，上樓變得方便許多。看到林先生夫婦滿意的笑容，我鬆了一口氣，不禁也跟著開心起來。這才是我所追求的，錢當然是要賺，但要賺得心安理得。在這種氣氛下，你會發現，錢反而是其次了。

我用我的鐵，再次成功的與遠方的人做了一次成功的交流。這樓梯，是有溫度的，不是冷冰冰的。

從一開始，林先生與林太太即展現了對我們職業的尊重與重視，這是我們大環境所缺少的。當然，不做任何表示，我們也不會去抱怨什麼，但只是給予一點尊重，對我們來說就是一股暖流，就會讓我們的存在更有自信些。

我們是靠勞力工作的人，賺的是血汗錢，也許你覺得我們流汗髒兮兮，又臭臭的，但是你得想想，如果沒有我們這些工人，你哪來的豪宅可住？

林先生、林太太尊重我們，相信所有的工班都能感受到。人是互相的，任誰也不會讓林先生、林太太失望的，你說是吧！

這樓梯，有我們共同的期許，有我們共同的故事，這將會是他們的所愛，我確信！

【鐵師傅要告訴你的事】

鐵樓梯的種類

在早期，鐵製樓梯是由角鐵跟鐵板或花紋板所組合成的，慢慢的，發展變化也多樣化了，目前所看到的有H鋼龍骨梯、鍛造梯、鋼旋梯、扁管梯、扁鐵梯……等。

鐵樓梯並不限定任何鐵材規格，無論是角鐵、方管、扁管、扁鐵、鐵板、H型鋼、C型鋼、不鏽鋼或者鐵板，只要是鐵，可以焊組合在一起的，通通可以客製化。

因此，鐵樓梯樣式上百種，又堅固，這是其他材質樓梯所比不上的。所以，只有你有想法，找你信賴的廠商，就能客製出想要的樓梯喔。

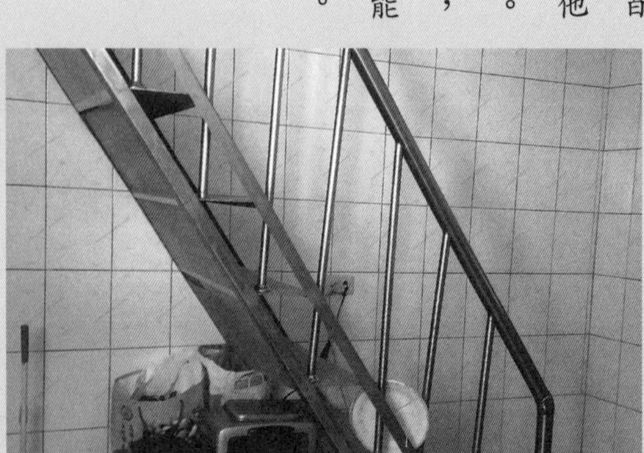
角鐵樓梯

新式懸吊樓梯

只需要一個尊重——不鏽鋼採光罩

鐵在我們生活中扮演著不可少的角色，採光罩遮雨棚就是其中之一。

中和林先生在網路搜尋採光罩廠商，得知我們有在做，於是找了我去他家估價。去到現場後，得知是在十九樓的屋頂，這對施工來說增加了不少難度。

住在十八樓的林先生，因為頂樓天台每當下雨時就會滲水至十八樓住家，打了幾次防水還是沒用，所以才打算採用頂樓加蓋的模式。

但是，礙於鐵皮屋外觀不好看，而且容易被舉報，於是選擇用玻璃採光罩方式加蓋，這樣不僅可以採光，讓其他樓層住戶也可以曬衣服不用擔心下雨淋濕，還可以防止雨水滲到十八樓去，所以他一提議，住戶們便都願意通過此方案。

我量好尺寸正準備離開時，林先生請我稍留步坐一下，我一頭霧水，但也只好先坐著。只見林先生端了一盤西瓜進來，我連忙說：「不用不用了……」

林先生只客氣地說：「就坐一下，用一下水果。」

等我吃了幾口西瓜後，林先生拿出了三家同行的報價單，並排在我面前。

此時我心想，糟糕了！俗話說：「吃人嘴軟。」我剛已經吃了幾口西瓜，唉……不應該這麼貪吃的！

正在擔心時，果然林先生開口了：「你看一下，我有找了幾家來估價，給你看沒關係。我看過你網路上的作品，只要你比他們便宜，那這些工作就是你的。」

我想，這位林先生應該還不太了解我吧。我看了所有報價單，說：「喔……對不起，我看我是沒辦法承接你的工作了。」

林先生說：「怎麼說？」

我說：「若要以便宜做為取向，我是可以贏他們……但是你真的覺得這樣做好嗎？若要以這種便宜的價格來要求做我部落格裡的水準，那根本不可能。光看報價單，我就知道我的價格一定會是最高的。所以囉，連估價都可以省了。謝謝你的西瓜……很甜！」說完我起身就要走。

林先生說：「你連估都不估喔。」

我說：「你都以價格便宜取勝，我還需要估嗎？我又不缺工作，何必這樣拚價格？」

林先生以嘲諷的表情說：「不會是你們技術上有問題吧，這麼高的樓層的確很難做⋯⋯」

我笑著說：「他們用那麼簡單的方法估那樣的價格，坦白說，也是剛好而已。我的方法跟他們不一樣，不一樣，自然價格就會比較高囉。」

林先生好奇的問：「可以說來聽聽嗎？」

我有點賭氣的說：「第一，安裝地點在十九樓高，我的管子都不切，直接以六米料來施作，不像他們要截短坐電梯上來。第二，我會做成力霸型增加結構力。第三，所有接點都滿焊，柱子與本體另外包板滿焊，板子勾住主體再打化學螺絲。第四，採用亮面管，全程拋光處理。你光是聽這些工法，你覺得我是外行嗎？價格會比他們便宜嗎？

「有一點你必須注意，你這是十九樓，周遭房子都比你低很多，所以如果有強風吹來，一定很可怕，如果不幸被風吹走，賠的錢絕對不止你造價的錢⋯⋯」

林先生聽過後，覺得我說的有道理，也認同我的說法，便拜託我還是報個價給他參考。好吧，誰叫我吃了你的西瓜！於是我照我的作法報了價給林先生。本想，他應該是不會給我做吧，結果卻出乎意料，他居然願意將此案交給我施作。

我問林先生為什麼會做如此決定？林先生笑著說：「因為我覺得你的工法很棒，也把方法告訴了其他三家，請他們照同樣規格報價，但他們一聽到就說你瘋了，只是個採光罩，就搞得那麼複雜。」

我聽了笑著說：「是啊，這是需要有點瘋狂才辦得到的事。光是材料要上來，就是個問題，因為你樓下是捷運站，路權不好請。」

林先生也點著頭說：「是啊……那就麻煩你了。」

我心想，糟糕！我恐怕會自食惡果。

果然，光是在申請路權就是一個極大的問題。吊鐵件至十九樓需要採用八十噸的大吊車，車寬加打出來的輔助腳，會佔用車道一線半，在車水馬龍又緊臨捷運站的這個地方，除非你提出一個很好的規劃，縣政府才有可能通過。

果然，我嚐到了苦頭，送件大概送了四、五次，最後一次才成功，條件是在一定時間內要完成，並且要有足夠人手負責指揮交通。

總算申請通過，接下來就沒什麼問題了。我們順利的將料件吊至頂樓並開始加工，過程中我也按照我所說的工法進行，雖然因樓高風大遇到一些困難，但是我們還是如期的完成使命。

完成了，林先生對我們的作品充滿信心，因為整個施工過程他都看見了，他說他很慶幸最後找的是我們。

其實，有時候師傅們需要的只是一種尊重，業主希望便宜這無可厚非，但把其他廠商的報價單攤在其他廠商面前，這如果讓已報價的廠商知道，他們情何以堪？而且對我也是一種不尊重。

如果你是我，你還坐得住嗎？

雖然我做網路的生意，但不代表做網路的，就一定得接受這種比價方式，你說對嗎？

鐵工冷知識

力霸型結構：所謂力霸型結構，就是將兩支主要骨架中間，以V字三角形排列組合焊接，此工法可以取代原本需用大型骨架，可簡化重量，還可以達到一定的強度。

包板：通常結構骨架在組裝時，大多會採用對接焊接，但案例會面臨強風的吹襲，深怕焊道被風吹裂，所以在對接滿焊完成後，再使用鐵板平板或ㄇ字形板材包住主骨架，延伸至柱子，再加以滿焊，這是一種強化接點的做法。

化學螺絲：化學黏著劑是由兩部分組成的，內管為硬化劑，外管為樹脂。當螺桿攪拌時（裝於電鎚鑽上），玻璃管、硬化劑、樹脂三種成分會均勻混合，並在很短時間內硬化，而產生作用力。化學黏著劑安卡錨栓是一種非膨脹、免除膨脹所產生之應力。它是利用化學藥劑混合後所產生之黏著力，把基材與全牙螺桿間的空隙完全填滿，以達到固特效果，產生承載能力。其特性為：

1.承載力量比傳統式的膨脹安卡錨栓高。

2.能承受震動力，對混凝土不產生擠壓力，邊角地帶也可以輕易地安裝。

3.侵蝕性環境適用，具防水及防濕功能，可在水中使用，涵溝、地下水道也可配合不鏽鋼螺栓使用。

烏魚子事件——摺疊門

一位情同姐姐的阿姨，希望讓他的兒子暑假時能來我這裡打工。

是的，論輩分，他得叫我哥哥，雖然我大了他快三十歲，但這也是讓他來見習的原因。

阿弟仔與時下年輕人不太一樣，是很努力乖巧的年輕人，他會為了自己大學的學費來我這裡打工，而且已經連續二年了。

我問他為什麼不選擇較輕鬆的工作，比如加油站員或超商店員？他說去那種地方打工只是浪費時間，來我這裡還加減可以學習到一點技術。

真的是很難得的一個孩子！

但這次的烏魚子事件，應該有重重的打擊到他，所以後面幾年就沒再看到他的身影了。

現在，就讓我來為你說這個故事……

網客張先生喜歡我們做的鐵件摺疊門，希望能裝在客廳與陽台之間，打開時是全開的，這樣空間的利用變化就更大了。

但是，我跟張先生遇到了一個難題，就是張先生找的設計師不願意在新做的天花板上幫我開個槽，放摺疊門的吊軌。因為摺疊門是張先生自己找的工班，對設計師來說，他報價上並沒含括這一塊，而且他已經快完工了，所以更不願意幫忙。

好吧，既然不願意幫忙，那我就自己來吧。

摺疊門最重視的，就是吊軌、吊輪、摺疊後鈕五金與安裝，如果選擇錯誤或者安裝錯誤，那就會不好使用了。就在我們進行第一次安裝時，便發現了一個錯誤，我忘了扣除地板厚度，於是整組載回去修改，再重新烤漆。

人嘛，總是會有糊塗的時候，當然我也不例外，重點是面對事情的態度。

烤漆總算完成，於是那天我帶了新來的學徒與阿弟仔，前往進行第二次安裝。過程雖然有難度，但總是能克服。最後，總算順利的將摺疊門安裝完畢。

測試一切都沒問題後，吩咐學徒們收一收準備走人了。此時，業主已準備好現金在屋內等我了，正準備過去時，我發現摺疊門的門框上有三分之一顆米粒般的脫漆，有可能是在搬運途中撞傷，因為小小的，沒仔細看還看不出來。

通常遇到這種狀況，我們會拿同色系的鐵樂士先噴點在蓋子上，再用細的水彩筆沾點漆輕點個一下，這過程叫做點漆。我以為阿弟仔跟了我一陣子，應該看我用過，他「應該」會，而且也不難啊。

所以我就叫了阿弟仔去補，當然，我也教了他該怎麼做。就這樣，我進到屋內跟業主收尾款，順便講解使用需注意事項。

當我跟業主聊得正高興時，我透過摺疊門的透明玻璃，看到阿弟仔拿著水彩筆做著刷漆的動作，我疑惑著，怎麼會有上下刷的動作？正覺得不對時，發現新學徒也加入了戰局……不會吧，補個漆要兩個人？於是我走了出去。

出去一看，我差點暈倒。四折的折疊門，有兩片緊鄰的框，被阿弟仔補了個跟烏魚子一樣大小的區塊。我趕緊拿布沾香蕉水想把烏魚子給擦掉，但為時已晚，鐵樂士已經咬了進去，擦不掉了……

學徒問能不能再用鐵樂士噴過，我說當然不行，因為就算是同色系，還是會有一點點色差，這一點色差是交代不過去的。

阿弟仔知道闖了大禍，鐵青著臉站在旁邊，不敢發出任何一語。

業主問我怎麼辦，我說只好全拆了回去重烤漆。業主也認同了此作法，畢竟沒人會願意接受用鐵樂士補那麼一大塊。拆吧！於是又花了時間，將做好的摺疊門拆了回去。

在回工廠的路上，我問阿弟仔為什麼會補成這樣。

阿弟仔眼眶紅了起來說：「我一開始是用點的，但是……我沾多漆了，於是點的地方流了長長一條下來，我就用水彩筆想把他塗平，哪知道面積越塗越大，結果又不小心沾到隔壁門片的框，然後也是想把他塗平，最後就是你看到的樣子……」

是啊，我猜應該也是如此。我太大意了，我不該將這種事交給新手的。

我對著阿弟仔與學徒說：「**做錯了沒關係，懂得承擔事情、處理事情，這才是最重要的。**以我來說，我錯在太大意，將事情就這樣交給你們。但是，我面對業主時，我選擇的是做新的給他，而不是將就，這就是負責。而你們的錯，就是遇到問題時沒立即反應，如果一發現馬上喊我，我拿布沾香蕉水一擦就什麼事都沒了……算了，別再內疚了，我不怪你。」

此時，只見阿弟仔頭低到一個不行，隔天就找理由不來了。

其實，我真的不怪他，如先前講的，人都會犯錯，我還裝錯門咧。重點是，事後的處理，你是怎麼去面對的。

如果因此逃避了，那麼這陰影將伴你一生，你永遠都會記得這件事，你會因這件事而抬不起頭。

【鐵師傅要告訴你的事】

摺疊門該注意的要項

摺疊門在以前最常以木作方式呈現，但時代演進，經由設計者的巧思，現在也有以不鏽鋼、黑鐵及鋁材等金屬所製成。

與木作的差別在於：框細，有金屬現代感，再加上玻璃增加了透視感。所以是現在室內設計隔間非常喜歡使用的模式，再加上收起來可以整組靠牆，可讓空間更為寬闊。

摺疊門首重吊輪及下輪，吊輪及下輪若選擇不當，或久了耗損沒有上油，就會變得非常難使用，所以常使用感覺有順還好，若覺得卡卡的，可以在吊輪點一下黃油以增加潤滑，加了油後，通常會覺得門變輕了喔。

五金行有賣一種像鐵樂士罐裝的噴霧式黃油，挺方便的，用黃油的原因是，因為黃油比較持久。

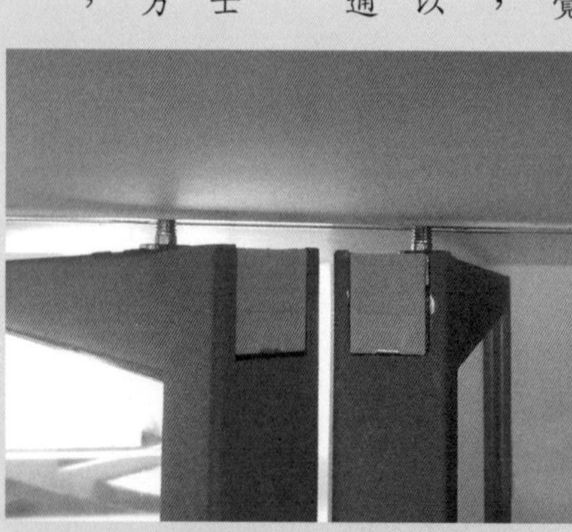

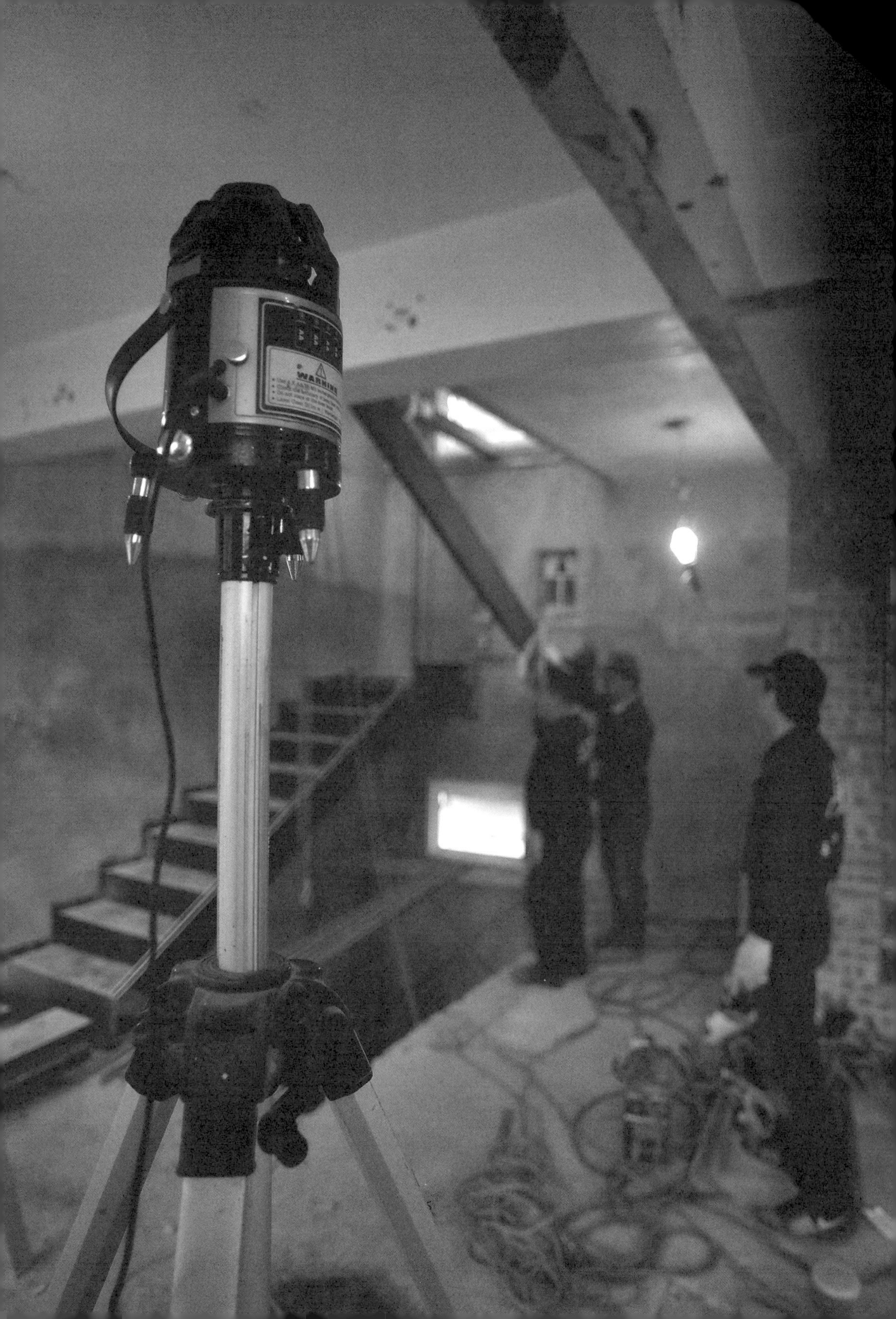
WARNING

挑戰——裝置藝術

當挑戰來臨時，你的選擇是面對？還是逃避？

自從使用部落格後，我們的工作可以說相當的穩定。有客人常跟我說：「你就多請幾個人，這樣就可以多接一點。」

坦白說，我嘗試過，但結果並不是所想的那樣，你沒辦法控制所有的品質。品質沒到那邊，那就失去客人等待我們的意義了。所以，後來我還是決定親力親為。

怎麼說呢？可能是處女座的通病吧，總會覺得別人做的總是有瑕疵，所以從製造到安裝，我總是喜歡伸出手去指導或干涉師父的作業，然後覺得滿意了再拍照。

下班後，洗完澡，吃完飯，再開始我自己的工作，這工作就是將今天的工作物照片上傳，然後寫成文章。寫完後，再開始回覆各地網客所寄來詢價或問問題的信件。我給自己的標準是：今日事，今日畢。所以，忙到凌晨一、二點是常有的事，自己也非常習慣了。

某天，接到一封來自某大學教授的信件，信件裡頭畫著奇怪的工作物（裝置藝術）。當時已經深夜快十二點，我也不好意思打電話問作法與要求的標準，只是當下看著3D圖，覺得這東西真的太震撼了！

於是開始幻想施作的整個過程。有把握嗎?不，這已經脫離常碰的東西了。要放棄嗎？不，放棄了機會就沒了……嗯，剛剛想的方法應該可行，那就照剛才想的工法報價好了。

於是我回覆報了個價。沒多久，老師就回信並約在星期六去實地丈量。

見面後，才知道老師是著名的創作藝術家，這讓我更想挑戰這個工程了，因為我的眼睛都亮了起來。

與老師討論工法後，老師確認了我就是他要找的廠商，並希望我能在這星期六與他簽約。天啊，這對我來說，可是千載難逢的機會啊！

我很高興的在星期六準時赴約，因為事前都討論過，所以很快的就將契約完成。

當時，我以為這樣就結束了，沒想到老師又從他的包包裡拿出兩個台南案件。老師拿給我看，並解說這兩件物品的含意……

哇！這對我來說更震撼了，這已經超出我想像的能力了！

老師說：「這兩個也給你做，要嗎？」

我當場傻眼，居然結巴了。其實，我並不是擔心做不出來，而是我太興奮了。

老師看我傻在那邊，以為對我可能會有壓力，想想後便說：「那兩個挑一個。」

我回神過來說：「喔……」其實我有點小失落。心裡想著，好吧，這也沒碰過，還是保守一點好。

正想把兩個案子的圖再看過一遍，老師卻直接把其中一個案子給抽走，說：「這條船給你做好了，這條船比較難，但你可以的。另一份是一顆球，比較簡單，我再找別人好了。」

「喔……好吧。」

就這樣，一下子接了兩件裝置藝術。

其實對我來說，這是極大的挑戰，為了讓雷射廠方便作業，原本不會電腦繪圖的我特別去買書來自學。於是白天工作，晚上畫圖，在此壓力下，我居然得了一種莫名的病——暈眩。

某個星期六早上，因為前晚工作太晚，所以睡到十點多才起床。起床時便感覺有點不太對勁，心想，可能沒睡好吧，於是起身想先去盥洗。

結果，發現我居然沒辦法走直線了！

沒有，我沒有喝酒！但我失去平衡，東倒西歪的，直覺不對了，連忙叫了老婆來幫忙。

再走一次，還是一樣，完了……

當下馬上去醫院掛急診住院檢查。在台X醫院住了三天，症狀雖然好多了，卻檢查不出是什麼原因，最後把它歸咎於壓力太大、熬夜、生活不正常所引起的。

我不能倒下，我的夢正要開始啊！

就這樣，我回到了工作崗位，開始了偉大的挑戰。雖然我的症狀還在，只要頭往後仰，就會失去平衡，但我眼前的工作還是必須做完。

逐浪海上風・腳踏鯤鯓地——台南裝置藝術

台南的裝置藝術主體是一艘船，一艘很大、採用不鏽鋼大支方管所做的船。

首先面臨的問題是管材的長度，一般長度都是六米長，但我們需要七米及八米的長度，用接的話，怕強度不夠，於是我開始在北部找有沒有賣八米管的廠商。很抱歉，沒有。

正失望時，突然想到了以前配合的一家廠商，便請他打電話去中南部調貨看看。

果然找到了廠商，可是南部廠商不願意為了幾支管，叫拖板車專程載上來。

我跟廠商說：「電話可以給我嗎？我想直接拜託對方……」

於是我打了電話過去，電話中不斷的拜託對方小姐，並且說運費我補沒關係。小姐聽出我的誠意，願意轉達給他們經理，而最後經理總算也肯願意幫忙。

料的問題解決了，可是接踵而來的問題卻更讓我頭痛，完全是接案時全沒想到的問題……七米與八米的大支管必須輪彎，重點是，不能因為輪彎而造成管面凹陷。我找了之前配合的廠商，一試，慘了！管材因為彎曲，內圈的地方凹陷了。

配合的廠商說，這一定會凹陷的，不會凹是很難的事，沒人辦得到吧。

那一晚，心情真差。彎了兩支……但這兩支看來是賠定了。不便宜啊……

問題是，現在要怎麼解決？於是我開始上網查詢北部所有的彎管廠，並將聯絡電話全抄在本子上。

隔天一早，我開始從最近的先聯絡、先找。嗯，有三家說可以辦到，於是我一個人載著彎壞的兩支管先到了第一家。第一家一看，與他想像的不同，直接拒絕了；再去第二家，第二家說讓他試試，結果是有比較好一些，但還是凹陷；再看看第三家好了，到了第三家，老闆是一位六十幾歲、純粹為了興趣而做的白髮老人……

他笑著說：「這種對我來說是小意思。」

我聽了很高興的說：「真的嗎？」

他說：「真的啊！」

他發明了一種不會凹陷的彎管機，所以不會有凹陷的這種狀況發生。我聽了迫不及待的將車上的管材卸下來，請他幫忙試試。果然，如老闆說的，一點凹陷都沒有，只是當初訂的亮面管全刮傷了。但沒關係，只要彎得出來，其他我自己能解決。於是隔天我們就將所有管材全載到這家廠，請他幫忙加工。

管材加工的問題解決了，剩下來就是組裝的問題。組裝需要跟馬達驅動的廠商配合，所以老師會派廠商來協助。

那天，來了一位沈先生，經介紹後，才知道他是老師口中的馬達驅動廠商。

我說：「組裝，還有到時候的安裝，沈先生你會派員工或技術人員來吧，我們也會從旁協助的。」

沈先生說：「什麼?哪有什麼人員，就我一個人，而且我是不包含裝喔，我只是負責提供我的意見而已。」

鐵工冷知識

輪彎：即使用機器將管或物件，輸出想要的弧度或造型。輪彎也是一門技術，要彎得準確，管材不凹陷，材料不受損，那真的要靠技術與經驗。而且這行也沒我們想像的輕鬆，稍有疏忽，賠進去的可能是自己的手指頭。

什麼？不會吧！那安裝是誰要安裝？

沈先生說：「看你怎麼跟老師說的，契約怎麼打的。」

我說：「當時說的，我們就是協助，契約也是寫協助……」

沈先生說：「菜鳥就是菜鳥，我就跟老師說，這種東西怎麼能交給鐵工廠，鐵工廠又不是做機器的，我們是算條（1/100㎜）的，你能辦到嗎？……昏倒！我要走了，跟你多說無益。」

啊，怎麼會這樣？我打了電話給老師。老師說，當初他也是這意思，是我想太多。天啊！怎麼辦？好！既然都說了是挑戰，沒難度怎麼稱為挑戰！

就這樣，我照機械工程師沈先生的要求開始製作骨架。骨架到時立起來，水平度不能超過三釐米的誤差，所以我們在製作時，真的遭遇到前所未有的困難。光彎管就會造成誤差，怎麼可能每座都在水平線上？

不斷的思考後，我總算想出了一個方法，就是利用蓋鐵皮屋的原理，利用基座，然後多加了一個可以調整的裝置，這樣水平與垂直問題就解決了。我興奮的打電話給沈先生，跟他講了這個消息，並請他再來工廠商討下一步。

沈先生來了之後，說：「嗯，如果照你的作法，是可行的，那下一個動作就看你能不能辦到了。船的划槳軸心與軸承之間的關係，就是我說的算條的（1/100㎜），太鬆太緊都不行，而且骨架上必須要有能調整的裝置或方法。我講完了，你好了再叫我來看吧。」

蝦米？說得好簡單……想也知道，難度又來了。

果然，那天我將軸承套進軸心，花了半小時，只套進五公分，然後拔出來，又花了半小時。

天啊！到時候安裝點在二樓高，怎麼可能這樣裝……

我將狀況告訴了老師與沈先生，沈先生說可能是軸心不夠圓或過大，要我拿出廠證明來看看它的正圓度。幾天後，我拿到出廠證明，是正圓的，然後也比軸承少五條（5/100mm）。

我說：「不能把軸承或軸心磨大或磨細點嗎？」

沈先生說：「不行，磨的話因為是手工，所以軸心的正圓度會跑掉。要磨，也要找專業的廠商。」

好吧好吧，於是我開著車、載著軸心與軸承，又開始了尋找廠商之路。但這次就沒那麼順利了，問了這家，這家沒辦法，但他告知或許哪一家可以。就這樣，好像在傳聖火，我一家問過一家……總算，花了半個多月時間，皇天不負苦心人，終於找到一家願意幫我們加工的廠商，這真的是天大的好消息啊！

我們總算可以完成所有廠內的工作，也將彎管所造成的刮傷痕跡，整座再重新研磨拋光再包覆。會這樣做，代表我很看重這件案子，不想敷衍了事。

總算都準備好，要前往台南安裝了。此時，才發現找不到大型車可以幫忙載下去！因為我們一座的寬度是五米、長度是六米，寬度超過車斗寬，所以根本沒人願意冒險載下去。

老師說：「那切成兩半吧。」

我說：「不行，這樣就有接點，而且結構性怕不夠，我再想想……」

關關難過關關過，總會有方法的。想了許久，我總算想到了方法，我可以在大貨車上做一座臨時的架子，讓作品斜放，如此就不會超過車斗了。但因為物品過大，所以我協調貨車業者跑深夜，走西濱不要走高速公路。

總算，這方法貨車業者也認同，所以我們就約了某一天在台南相會。

出發前一晚，我又跟以往一樣睡不著。會順利嗎？哪邊該注意？要帶什麼？……就在這些問題中打轉，所以根本沒什麼睡。

終於出發來到台南安裝現場，大貨車也順利的將作品載到。我們開始進行組裝，這一裝就是半個月，而台南的烈日把我們的皮膚都曬傷了。

快到尾聲了，你以為事情就這樣順利嗎？

不，我們在安裝軸承軸心鍊條馬達電線時又遇到了問題，也許如沈先生說的，我們是做鐵工的，不是做機械的。但是，我不服輸，都到這節骨眼了，怎能認輸！

我們想了方法，將五百公斤的馬達吊到二樓高的作品上，也想了方法安裝船槳與軸承軸心組，最後再克難地將鍊條也給裝上。這簡單的幾句話，卻花了我快一週的時間。

總算總算完成了，開電源？

我永遠記得開電源時手發抖的糗樣，因為我怕，我怕轉一轉，鍊條斷了；我怕馬達燒了；我怕船槳不會動；我怕好多未知的事會發生……但是呵，好哩家在，運轉了！而且那個畫面震撼了我。

船槳前仆後繼的轉動，真的是太酷了！我的眼眶紅了，講話的聲調變怪了。

是的，我激動了起來……我挑戰成功了！這是一個跳脫鐵工項目的嚴苛挑戰，我成功了！這個成功或許對某些人來說沒有什麼，但對我來說，是我成功的跨出了一步！

我們興奮的在船前拍照，這是屬於我們的榮耀，我們就算老了，也一定會記得在這裡所發生的一切。

該走了，兄弟們，別忘了，下一個挑戰——台北的裝置藝術還在等著我們！

迎春風——台北裝置藝術

往後仰，我望著天空，我的暈眩依然存在，沒辦法，只能利用晚上再去各方好友介紹的名醫、中醫、西醫、密醫……

現在也管不了那麼多了，因為時間一點一滴很快的過去，先前完成了台南巨大的不鏽鋼船，現在的目標則是台北服飾館外牆的裝置藝術。主體是採用鍍鋅鋼板，然後切出各種弧型，再固定在牆面上。

與老師討論後，我推翻原本老師設定的電鍍鋅板，提議整座用黑鐵板施作，之後再送去熱浸鍍鋅。因為鍍鋅板的鍍鋅層比較薄，在組裝時，鍍鋅層會因施工被磨掉，焊接時也會被高溫燒掉。

採用黑鐵板，製作時較方便，因為沒有鍍鋅等其他因素的影響，做完後再整座泡在鍍鋅池裡，而且作品每個表面都有鍍鋅層保護，使用年限會更久。

固定的螺絲則把膨脹螺絲改為化學螺絲，因為化學螺絲是一種採用樹酯與化學成分的藥劑混合硬化劑，可以將螺絲黏在混凝土的強面上，結構力、拉力都比膨脹螺絲強好幾倍。

老師聽我說得頭頭是道，也願意相信我的專業，就讓我們按照這個方向去進行。

我心想，這個應該會比台南那個案子簡單吧。但沒想到，一開始就沒讓我好過。

首先，厚板材的料必須是四米長的料，而一般厚板材的料最長只到三米，於是我又想到幫台南出料的那家廠商。還好，因為上次合作過，他們很樂意幫忙。

接下來要面對的難題是畫圖。老師給的是他們常用的畫圖檔，但我必須將老師給的檔案轉成雷射廠可以用的檔案，這對高中輟學的我來說，是很大的問題！

鐵工冷知識

膨脹螺絲：膨脹螺絲在裝潢中可說是很常使用的螺絲，使用方法是，先在牆上鑽出一個與螺絲直徑等粗的孔，如 16㎜ 的膨脹螺絲就鑽 16㎜ 的孔，然後再將螺絲敲打進去，直到螺絲上的華司撞到牆，再使用板手將螺絲轉緊。此時，膨脹螺絲的錐狀尾端會往前緊迫，造成螺絲的套管尾端脹開，進而卡住牆壁達到固定的作用。

雷射廠不願意擔這樣大的責任，所以希望圖還是由我們自己來完成。好吧，我因此想去報名電腦課，準備自己來……但是，我根本抽不身來，晚上要看醫生，白天又要工作，如果真的去上課，時間真的有點難喬。

不得已，我特地去買了兩本有關 AutoCAD 自學的書籍，準備自己看書學。唉……向來最討厭看書的我，沒想到還是逃不過向書請益的命運。

時間相當緊迫，必須在料送來北部時畫好。我根本沒得選擇，只好巴結點，每晚學著畫一點。有心，鐵杵也能磨成針！

幾天後料來了，我也交出了第一份 cad 檔。

會不會不準啊？那麼多螺絲孔，還有弧線，如果畫錯了，這可是幾十萬……我這樣擔心著，但還是得硬著頭皮上。我將檔案交給了雷射廠，雷

射廠懷疑的說：「照這樣割？」

我說對。

果然，問題出來了。我畫的弧線居然不夠弧形，有的還是直線。

這這這……該怎麼辦？只好用手工去修、去磨了，好家在，技術上還能克服。

就這樣，我們順利的完成廠內加工的部分。準備去熱鍍鋅了！

在送之前，我與鍍鋅廠的經理談過，以我們的造形物，是有可能會變形的，但他們回覆說會很小心、很小心的處理。

我聽了覺得很安心，便把所有料載去這家熱鍍廠。很快的，交貨的時間到了，我約了大卡車一同前往準備載貨。

但到了現場後，差點昏倒，我們所做的造形片，六十片裡有二十片都捲曲變了形！

我問廠內負責的小姐怎麼會這樣？小姐說：「本來就會有風險喔。」

我說：「是啊，可是那天你們家經理拍胸脯跟我保證，說不會變形的。你看，同樣大小、同樣造型，為什麼這批不會變形，那批會？那是你們吊的方式不對所造成的……」

小姐聽我說完，不發一語。

我說：「麻煩你跟你們經理說一下。」

小姐面色凝重的撥了電話給經理，然後把結果跟我說：「對不起，我們經理說熱鍍鋅本來就有風險，我們不負任何責任，而且你必須將貨款當場付清，才能將東西載走。」

天啊！還有這種的……

我馬上打了電話給老師，請他來看。老師看了也覺得不可思議，也幫我跟熱鍍廠力爭，但還是得不到好的答案。

最後，當下討論的結果是：付清載回，然後找整平的加工廠幫忙。

老師看我臉色凝重，問我這樣損失多少？我大概算了一下，說：「最少二十萬，如果都不能用的話……」

老師安慰我，叫我別擔心，先處理看看再說。

我將造型片載回工廠的第一件事，就是找整平廠。要把一張彎曲的紙張壓平，是有難度，但應該辦得到。我心裡是這樣想的，但事實並非如此，我將其中較小片的造形鐵板加工部分全拆除，只剩平板部分，然後放在車上，開始找著可以處理的廠商。

就這樣，一家問過一家，每家的說法都一樣，因為鐵板是經熱處理產生不規則的扭曲，所以答案是沒救了。

怎麼會這樣？還沒做，就先賠二十幾萬……我開始後悔，當初為什麼不直接用鍍鋅板，卻堅持用什麼熱浸鍍鋅？這下好了，GG了。

老師問我最後結果如何？我說：「完了，只能賣廢鐵了。」不過我請老師不用擔心，工作我還是會想辦法完成。

老師聽了覺得不捨，便說：「這樣吧，我幫你出十萬吧，不用擔心，這條錢我幫你分擔。」當下聽了真的很感動，我連忙跟老師道謝，謝謝他願意這樣伸出援手相挺。這有幾人能辦到？真的非常感謝老師。

於是我又重新叫了板材，再重做了一次，也再次冒險又鍍了一次。沒選別家，只因為他們已經有了失敗的經驗，再來一次，成功率會很高吧。

幸好第二次如預期沒再出差錯，我們載回後做了兩次加工研磨，將表面磨至光滑後送去氟碳烤漆，然後等待時機安裝。

運氣可以說不是很好，快到交件限期只剩兩週的時間了，問題是，老天不肯給飯吃，每天下午都是大雷雨。

不、不、不！不能再等了！再這樣下去，就要開天窗了！所以我們選擇預報中較平穩的天氣去安裝。說是平穩，也沒有，雨隨機的下，我們也只能找雨停的時間安裝，所以原本預計七天安裝完畢的工作，我們足足做了十二天。

在安裝時我的心是很忐忑的，因為圖是我畫的，深怕螺絲孔不吻合，造型物組不起來，在安裝上也有一定難度，因為樓高快五樓，施工的方法若不對，除了安裝速度慢，也會對安裝人員的安全造成威脅。

幸好一切如計畫中順利，只是大雨讓我們的速度變慢了一些，但沒關係，因為我們又完成了不可能的任務。

面對著辛苦完成的作品，有著跟台南時一樣的心情，我們每個人都感到相當的開心。包

鐵工冷知識

氟碳烤漆：氟碳漆又稱氟碳塗料、氟樹脂塗料等，它是以氟樹脂為主要成膜物質的塗料。與傳統材料相比，它具有以下的優勢：

1.比傳統塗料有更優異的耐光、耐侯性，超強的穩定性具有不粉化、不褪色、壽命長達二十年的功效。

2.優良的防腐性，漆膜堅韌，耐衝擊、抗屈曲、耐磨性好。

3.有超強的附著性，無論是不鏽鋼金屬或是水泥、複合材料，都有良好的附著性。不會黏塵結垢，防污性好。

括師傅們，對他們來說，這又是一件讓人刻骨銘心的作品。

我懂，因為對我來說也是如此，我跟師傅們說：「以後老了可以帶孫子來，跟孫子說這是阿公年輕時做的。」

呵，是啊，做鐵工可以有一件流傳的作品，想想也是不錯的，你說對吧？

當挑戰來臨時，我選擇的是面對，而最後的結果，是能撼動內心的感動。我對當初的選擇可以說是無悔的，而且我們嚐到這辛苦後所得到的甜美果實，真的是耐人尋味，並且也已經上癮了。回想起來，真的是五味俱全，讓人回味無窮！■

總算總算，兩個案子都順利的完成了，心裡的壓力也瞬間解除了。

此時，另一位負責企劃台南裝置的老師知道了我暈眩的症狀，便用一張白紙寫了一位醫生的名字，交了給我說：「去看這位醫生，他很厲害。」

我心想，我已經看過很多教授級的醫生，這位可以嗎？

老婆說：「沒試怎麼會知道？」

於是我去看了這位醫生，吃藥吃了一星期，症狀沒了，但需要長期的觀察與服藥。症狀的起因，是太過勞累，長期在電腦桌前看著銀幕，去壓迫到脖子後面的一條血管。

就這樣，暈眩症隨著挑戰的結束，沒多久也跟著消失了。真的很神奇，也從那時開始，我不敢再熬夜了，事情能做多少就做多少。

想想，我一天工作時數最少十四個小時以上，有時晚上還得出門去丈量（因為白天沒空），假日更不用說，都排得滿滿的。所以啦，老闆真的不好當。

不過，如果說這些是挑戰必須付出的代價，那麼，我願意！

三瘋的樓梯

裝置藝術案子完成後，我們的抗壓性也跟著提升不少，鐵門窗、樓梯……各種鐵件對我們來說，全視為是小case，因為根本就難不倒我們，這可能就是耳傳的「眼界開了」！

回歸平淡的生活，我與師傅們覺得還滿快樂的，以為挑戰不會那麼快到來，但事實證明，我們錯了！

有天晚上收到來自新竹一家設計公司的來信，信中是說想做一座不鏽鋼的樓梯，極具挑戰性，希望我能過去看一下。我心想，什麼樣式的樓梯我們都做過，能有什麼挑戰呢？新竹算起來也滿遠的，於是我在信中寫道：「不知交件的日期為何？如果很趕，就沒辦法了。」

坦白說，在當時我的工作量已經很滿了，正打算貼出公告不再接單，但命運就是這樣的好玩。信件寄回後，就再也沒消息，以為對方就這樣放棄了。隔了不知幾天，那天是星期五，早上跟師傅們去裝拉門，一切順利，所以接近中午就回到了工廠。

下午就在工廠做別的，不出門了，正跟師傅們這樣交代時，手機響了，是原本以為可能因為我的態度而放棄的設計師林先生。

林設計師說：「今天下午能過來看看嗎？」

一切就是這麼剛好，我沒有任何理由可以搪塞，只得回說：「當然好啊，我大概三點到。」心想，人家這麼有誠意，那我就走一趟吧。

我按照給的地址來到了現場，與林設計師見了面。

「你好，不知你的樓梯要做的樣式是?做在哪呢？」此話一出，就代表我沒很仔細的看設計圖。

林設計師帶我去了樓梯預定施作地點，一樓到三樓，等於兩座轉折梯。樓梯的作法很簡單，採用厚度十八釐米的不鏽鋼，像折紙一樣，水平、垂直、水平、垂直……就這樣一直延伸到三樓，樓梯的兩側都沒有輔助的結構。夠簡單了吧！

簡單到我的眼睛都亮了起來！

這……這……這種樓梯，只可能出現在動漫中吧！我的血再次沸騰了起來，講話的聲調也高了起來，就像小孩看到喜歡的玩具一樣。

林設計師與現場的主任想聽聽，如果交給我做，我會怎麼做？

我興奮的在腦袋中幻想，將流程跑了一次。我說：「我會先在工廠組成一階一階的，每階就是呈現一個L型，現場再從一樓開始，像堆積木一樣慢慢堆疊上去，然後我會做預拱的動作……」

正說到這裡時，旁邊偷聽的另一組鐵工老闆忍不住說：「肖ㄝ（瘋子），哪有可能！」

可能是我想得太容易了吧，但在當時，我覺得是有可能的。所以，我不理會那鐵工老闆，繼續著我的天馬行空。

林設計師聽完我的作法，也覺得是可行的，便拜託我能不能星期一給他報價單？

我回說：「怎麼可能，很多東西都是需要詢價的。」

林設計師說：「拜託，以你的經驗，一定可以的。」

好吧，想說那就先報個大概，要不要做又是一回事，說不定看到價格就縮了。於是，我利用了星期六日，開始幻想整個過程……

幻想？或許你會覺得好笑，但事實就是如此，裝置藝術的鐵件也是如此，你沒做過，怎麼知道要做幾天？所以我的方式，就是靠想像。

這個要誰磨，磨幾天……這個要誰焊，焊幾天……然後五個人一起抬上去……就以這樣的方式，計算出此樓梯的造價。

好嚕，總算算出一個價格，便寫了報價單準備寄過去。但心想，會做嗎？

坐在旁邊的老婆說：「聽你的敘述，這樓梯難度很高耶，你確定要做嗎？你手邊工作也不少喔？」

我想了想，回說：「對！這樓梯應該是目前我看過難度最高的，所以根本沒人做。做這樓梯需要三個人瘋，設計師瘋，業主瘋，鐵工瘋，只要缺一人，那這樓梯就不存在了。設計師已經問過好幾個鐵工，沒人願意。

「對我來說，這個機會可以再度的挑戰自己，現在機會在我眼前，我如果放棄了，以後可能不會再有，我不想我以後在那邊後悔說怎麼不接？怎麼沒接？這不是我的個性。」

鐵工冷知識

預拱：預拱在金屬工程中是滿常見的一種工法，當物件過長，金屬會因本身的重量或因承載的重量而產生下陷，為了防止或抵消下陷，會將金屬輪彎或做成弧形與下陷反向，來增加強度。

老婆知道她再也阻止不了我，便說：「好吧，只能支持你，不然能怎麼辦？」聽到這句話，我有了助力，馬上點了滑鼠將報價單傳了出去，其他的，就交給老天了。

沒想到回覆的速度超乎想像，星期一的中午，林設計師公司的老闆李先生親自撥了電話給我，他說將這樓梯交給我他很放心，所以可以直接下去做了。但是，希望能在一個月內完成，因為要參展。

這……這……真的對我來說是有點誇張。這造價不是幾萬塊的案子，他的決定會不會太快？會不會是詐騙集團？不！不會，我相信我的眼光，相信我的感覺。（後來才知道李先生在設計界是知名的人物。）

好吧，既然選擇的是我，那就不能讓你失望！

就這樣，戰爭瞬間爆發，我馬上聯繫所有有關的廠商，詢問加工的過程與報價，這些過程必須在極短的時間內完成。不然，一個月是不可能完成的。

得到廠商的回報後，我再精算整個過程與所需人力。不行，只單靠我們工廠五個人是不夠的，於是我打電話拜託台東的同行好兄弟阿弟仔，希望他能北上幫忙，接著再拜託我身邊認識的同行，加一加，共十人

參與這次的戰爭。

人數是夠了，接下是製作與安裝的安排。我策劃了工廠一批人，負責生產踏階；我與支援的台東部隊打先鋒，負責安裝；下班回到工廠後，再加班幫忙生產。

就這樣，十個人開始了漫長的戰爭！

現場的難度果然超乎我的想像，一個踏階鐵板的重量約為八十公斤，搬運需從貨車處再搬約一百公尺才到室內；而樓梯的平台分成兩片，一片重約二百五十公斤，沒錯，你沒看錯，就是二百五十公斤，除了搬進室內，還需要搬到一樓與二樓高。

樓梯的左窗是一大片的特殊強化真空玻璃，右邊是已完成的柚木造型牆，在這種苛刻的條件下，樓梯的難度更高了。

但是，我內心堅信著「一定可以的」，所以所有人在我這種信念下，沒有任何雜音，只有往前。

這種感覺，真的讓人印象深刻。

可是，越接近尾聲，我的意志就越動搖了。第二十天，我看著工作日誌，再仔細算一下。

慘了！如果順利在十天後如期完成，那我可能小賠，但十天內能完成嗎？

不可能！因為我們現在才做一座而已，後面還有更難的……完了，這下不知道要賠多少？

雖然知道要賠了，但隔天我還是如往常前往施工。林設計師問：「再八天能完成嗎？」

「有點難……但我會盡力。」

此時，我還是不敢跟林設計師說是否能追加預算的事，總是希望能在約定的日期內完成就好，小賠就算了。

剩五天了，還有那麼多事未完成，加上之前手頭未做完的工作，這下子真的慘了！深夜裡，我坐在電腦前不斷的演算，照這進度，最少還要再十五天吧。

那晚，我睡得不好，半夜輾轉難眠。從床上爬起來，我站在廁所的鏡子前，看著自己，問自己：「我到底在做什麼？這些是我要的嗎？愛玩嘛……好笑囉……賠死你了！最後拆模行不行還不知道咧，再玩吧！什麼夢想？什麼叫做機會在眼前沒抓住就飛走？這下子好玩了吧……」

我開始懷疑自己，我開始動搖了。我用冷水潑著臉，不！不！我不該動搖

的，就算賠錢，我也要完成它，這嚇不倒我的！

隔天，林設計師問我進度，我支支吾吾的說：「月底應該是沒辦法完成的，而且……月底開始我也開始要賠錢，每做一天，就賠一天……但請放心，我還是會完成它。」

林設計師說：「這樣喔，我會幫你跟我老闆說，我老闆是開明的人，別擔心。」

「真的嗎？太感謝你了！」

瞬間，我的壓力少了一半，至少林設計師他懂我的難處。

隔了幾天，李老闆來視察工地，看到我跟我聊了幾句。李老闆是個沉默低調的人，所以從進來做到現在，很少跟他對到話。

李老闆說：「林設計師說你做到賠錢？」

我說：「是的，我可以將成本攤給您看……」

李老闆說：「不用。」

我說：「李老闆，請您放心，就算我賠錢了，我也會完成它的。」

李老闆說：「這樣會賠多少？」

我說：「以工資算，假設以最快速度在十天後完成，那也會賠個三十萬。」

李老闆聽一聽，並沒有給我答覆，轉身就離開了。是啊，在商場上，價格談好就拍板定案了，誰管你賠不賠的！當然，我可以隨便做做，隨便就交差了事，可是我辦得到嗎？從以前，這就不是我的作風，賠就賠了，別想那麼多，做就是了。

於是，我還是照原本的計畫，該磨的照磨，不行的再重做，有刮傷的也是再重新抛砂……

可能是這股傻勁李老闆看在眼裡，他告訴了林設計師，叫我不用擔心錢的事。

我心想，可能補一點吧，世界上哪有那麼好的人，會一口氣補你三十萬的？有補我，我就非常感謝他了。

總算到了尾聲，要拆模了。這好比開獎，我們所有人都相當緊張，因為這將代表這一個月來的努力是成是敗。

蹦！最後一塊模拆了……我們成功了！我們興奮的在上頭走來走去。我知道，那種感覺將永存在心頭。

接下的就簡單了，說是簡單也耗了我們許多時間，我們不斷的拋磨，只要刮傷就再磨一次。你可能沒辦法想像我們磨的程度，如果我說我為了這場買了二十四隻砂輪機最後只剩五台是好的（有的是壞掉再重組重生後再拿來使用），而師傅看到砂輪機會不自覺的哆嗦畏懼，用這樣的形容或許你比較能感受到。

是的！總算我們在第四十天完成了它。

■

天啊！我看著完成的它，已經說不出話來，我只能激動的對著它大叫：「我完成了！」

師傅們興奮的說：「水啦！」

這是什麼感覺，是成就感嗎？壓力剎那間都不見了！

當晚，我帶著師傅們去附近海產店慶功，我知道，我們又向前邁進了一步！

隔幾天後，林設計師說李老闆有交代，叫我再送追加的三十萬報價單。我聽了眼眶又紅了起來。沒錯，我是愛哭鬼！我真的很感謝李老闆，也感謝一直挺我的林設計師，讓我可以完成這座——三瘋樓梯！

結語——我的堅持與期待

從小就被媽媽灌輸著「將心比心」、「憨人有憨福」、「吃虧就是佔便宜」等道理，所以當我出社會後，我發現，媽媽的這一套根本不實用，因為老是被人欺負，老是被人佔便宜。但是，我又發現，這套卻可以深得人心。

所以結論是，媽媽教的這套不適合賺錢，但卻可以讓你感動在其中，以及幫你贏得人心。錢很重要，我最喜歡，但往往最後的結果告訴我，人與人之間的悸動才是最重要的，錢反而是其次了。所以，我想我懂媽媽想告訴我的是什麼了。

我用我的鐵，去與各式各樣的人交流，在裡頭我嚐到了酸甜苦辣，後來發現，**原來鐵是可以調味的，只要加點用心，只要加點創意，只要加點堅持，那麼所產生出來的鐵，是可以感動人的，包括我自己。**

從事鐵工已經三十多年，深深的體會到，凡事以將心比心的態度去面對，那麼得到的結果往往是甜的。

我不是神，只是一個普通人，我喜歡每件事情都到位，我喜歡每件事情都做到確實，所以後來我放棄了之前的觀念。速度慢，沒關係，東西能做到確實、到位就好，最起碼面對自己，我能「心安」，最起碼面對業主，我能「理得」。

常看到業者名片上寫說「責任施工」，對於這四個字，我給自己的標準很高——對業主有責任，對附近鄰居與大眾有責任，對師傅及他的家人有責任，對我自己與家人有責任。

我不能接受跟業主說一套，私下搞的又是一套，我不能接受我做的東西飛走或掉落去砸到人，我不能接受犧牲師傅來成全自己的事，我不能做壞榜樣，要以身作則給兒子們看。

凡事要以對得起自己良心為出發點，這就是我的責任施工，也是我認為對的、應有的「施工態度」。

有了正確的施工態度，相信做出來的東西，絕對能感動人，能有一定的水準，你認同嗎？

從學徒到師傅，及至最後當老闆，這一路走來，我遇到了不少貴人，是他們成就了我。這些貴人，當然也包含了每個委託我們的業主，因為這些業主們，都會把他對鐵裡頭所需要的期待告訴我，這些期待都是一種感動，都是家人對未來的一種期許，所以在我手中的每一塊鐵，都有屬於它的故事，當你聽完故事後，你能忍心讓他們失望嗎？我不能，絕不能讓他們失望，因為這些期待與期許，我懂！

因為我也是這樣期待別人的，將心比心，對吧？

很多人又會覺得，我才賺你多少錢，所以我就做到剛剛好就好，超過一分一毫都不行，除非再加錢。但對我來說，在允許的時間內，在保有該有的利潤內，多點服務給客人，又有何妨？吃點小虧，客人覺得窩心，說不定會再幫你介紹客人呢！這不就是「吃虧就是佔便宜」的定義嗎？

先感動自己，才能感動別人，把客戶家的東西當做自己家的東西下去做。自己家的東西，你會計較嗎？

此時不算計成本的你就像個笨蛋，執著在上面，客人看了覺得感動，自然而然，對待的態度也就跟著不一樣了，後續的發展就更超乎你的想像了，這是我媽媽說的「憨人有憨福」，不知道你認同嗎？

在這什麼都要算計的社會裡，已經失去從前常聽到的人情味，或許要用斤斤計較才能保護自己，但是試問，這樣的社會真的有比較好嗎？我想，答案應該都在每個人的心裡。

我真心期待我們的社會能多一點溫暖，而不是事事都以錢為出發點。當然，我會用我的鐵，來貫徹我們的意志，繼續焊出我們的夢想，磨出屬於你我的感動。

燃燒吧！只要有需要鐵的地方，相信在未來，一定，一定會有更多擁有鐵的意志繼承者，出現在你的身旁！

代表作品

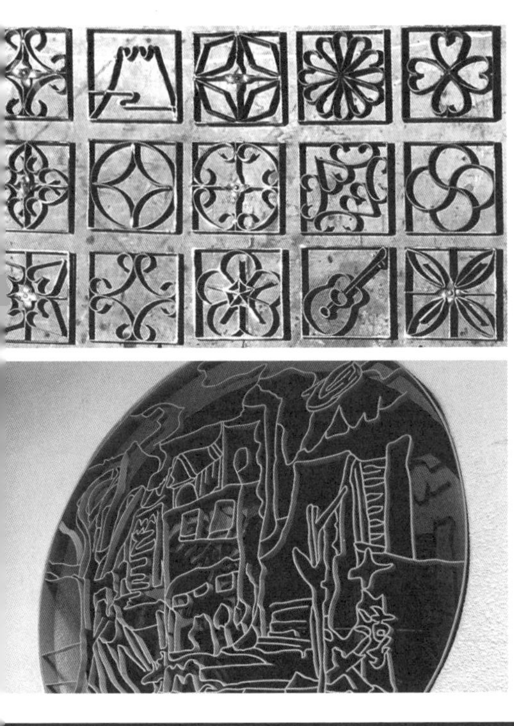

xizo

廣興宮

69

鐵

鐵